Hettinger Fit sein – fit bleiben

Professor Dr. med. Theodor Hettinger

Fit sein – fit bleiben

Isometrisches Muskeltraining für den Alltag
Mit 10-Minuten-Trainingsprogrammen

TRIAS THIEME HIPPOKRATES ENKE

Anschrift des Autors:

Prof. em. Dr. med. Theodor Hettinger
Peterstraße 6
4320 Mülheim/Ruhr

Fotos von:
Fotodesign Mauk, Wuppertal

Umschlaggestaltung und Konzeption der Typographie:
B. und H. P. Willberg, Eppstein/Ts.

Umschlagzeichnung:
Friedrich Hartmann, Stuttgart

CIP-Titelaufnahme der Deutschen Bibliothek

Hettinger, Theodor:
Fit sein – fit bleiben : isometr. Muskeltraining für d. Alltag ; mit 10-Minuten-Trainingsprogrammen / Theodor Hettinger. [Fotos von: Fotodesign Mauk, Wuppertal]. – 8., überarb. Aufl. – Stuttgart : TRIAS – Thieme Hippokrates Enke, 1989
Bis 7. Aufl. im Verlag Thieme, Stuttgart, New York

(Die vorausgegangenen Auflagen erschienen unter dem gleichen Titel im Georg Thieme Verlag mit der ISBN 3-13-349407-4 innerhalb der Reihe ›Thieme Ärztlicher Rat‹)

Satz: Druckhaus Dörr, Inhaber Adam Götz, D-7140 Ludwigsburg
(Linotype System 5 [202])
Druck: Gutmann, D-7100 Heilbronn

ISBN 3-89373-053-2 2 3 4 5 6

Wichtiger Hinweis: Medizin als Wissenschaft ist ständig im Fluß. Forschung und klinische Erfahrung erweitern unsere Kenntnisse, insbesondere was Behandlung und medikamentöse Therapie anbelangt. Soweit in diesem Werk eine Dosierung oder eine Applikation erwähnt wird, darf der Leser zwar darauf vertrauen, daß Autoren, Herausgeber und Verlag größte Mühe darauf verwandt haben, daß diese Angabe genau dem **Wissensstand bei Fertigstellung des Werkes** entspricht. Dennoch ist jeder Benutzer aufgefordert, die Beipackzettel der verwendeten Präparate zu prüfen, um in eigener Verantwortung festzustellen, ob die dort gegebene Empfehlung für Dosierungen oder die Beachtung von Kontraindikationen gegenüber der Angabe in diesem Buch abweicht. Das gilt besonders bei selten verwendeten oder neu auf den Markt gebrachten Präparaten und bei denjenigen, die vom Bundesgesundheitsamt (BGA) in ihrer Anwendbarkeit eingeschränkt worden sind. Benutzer außerhalb der Bundesrepublik Deutschland müssen sich nach den Vorschriften der für sie zuständigen Behörde richten.

Zu diesem Buch

Körperliche Leistungsfähigkeit, Wohlbefinden und Widerstandskraft gegen Erkrankungen stehen in enger Beziehung zueinander. Ärzte, Sportpädagogen und Politiker weisen in den Massenmedien – Presse, Funk und Fernsehen – immer wieder auf diesen Zusammenhang hin und propagieren körperliche Aktivität als Ausgleich zur einseitigen Belastung oder beruflich erzwungenen Passivität.

Aus welchen Gründen auch immer – Zeitmangel, psychologische Hemmnisse u.a. – wird mancher keinen Sport betreiben wollen oder können. Erzwungener Passivität kann man aber nur durch Aktivität begegnen. Auch in dieser Auflage des Buches werden daher Anregungen gegeben, wie man sich durch zeitsparende 10-Minuten-Trainingsprogramme fit halten kann. Diese Kurztrainingsprogramme sollen kein Ersatz für Sport im eigentlichen Sinne sein. Sie sollen aber dem Eiligen und dem „Bewegungsmuffel“ eine Hilfe geben.

Höhere Leistungsfähigkeit reduziert den Grad der Ermüdung durch die berufliche Belastung und läßt daher die Freizeit besser genießen. Das Leben mehr genießen zu können, rechtfertigt die relativ geringe Mühe eines täglichen 10-Minuten-Trainings. Es lohnt sich immer, in jedem Alter.

Mülheim/Ruhr *Th. Hettinger*

Fit sein – fit bleiben

Ein sinnvolles sportliches Training steigert die physische Leistungsfähigkeit und kommt den ärztlichen Bemühungen, in möglichst hohem Alter »jung« zu sterben, entgegen. Sport steigert aber auch die Lebensqualität. Spricht man allerdings den für die Allgemeinheit ohnehin nicht durchführbaren Leistungssport an, stimmt das Gesagte nicht mehr, und die früher häufig zitierte Redewendung, daß der Sport die »schönste Nebensache der Welt« sei, trifft ebenfalls schon lange nicht mehr zu. In den meisten Sportdisziplinen stehen politische und/oder wirtschaftliche Interessen im Vordergrund. Der Sport bzw. die sportliche Leistung wird vermarktet. Ein Vorbild können die Leistungssportler nur noch bedingt sein, sie kontrastieren mit der Werbung für den Breitensport, wie sie von verantwortungsvollen Ärzten, Trainern sowie auch von Sportfunktionären betrieben wird. Die häufigen Verletzungen und Erkrankungen im Leistungssport widersprechen der These, daß der leistungsfähige Körper besser mit Erkrankungen fertig wird als der geschwächte, wenig leistungsfähige Körper. Es sei zugegeben, daß der Olympiasieg oder eine Weltmeisterschaft für den einzelnen eine persönliche Befriedigung bedeutet, ob er aber – wie teilweise behauptet – auch das Charakterbild positiv prägt, erscheint nicht gar so selten zumindest zweifelhaft. Natürlich haben sportliche Spitzenleistungen psychologische Rückwirkungen auf die Allgemeinheit. Die Industrie nutzt und unterstützt – aus naheliegenden Gründen – den momentan ausgelösten Boom für die eine oder andere Sportdisziplin. Vor allem die Jugend versucht Leitbildern nachzueifern, obwohl aus eigenen Untersuchungen hervorgeht, daß nur etwa ⅓ der von uns befragten Schüler die Ansicht vertritt, daß Leistungssport und Gesundheit in einer positiven Beziehung zueinander stehen. Vielleicht sind es gerade die häufigen Berichte über Verletzungen – auf Überforderung, Doping und Unfairness zurückzuführen –, die zu einem negativen Verhältnis zahlreicher Jugendlicher zum Leistungssport beitragen.

Es ist heute schon fast allgemeiner Kenntnisstand, daß der Spitzenathlet auf der Basis einer spezifischen Gewebsqualität der Muskulatur aufgebaut wird, die den Athleten für eine typische Sportdisziplin prägt. Es ist eine Frage der Art der Muskelfasern, ob, Gen-bedingt, vornehmlich weiße oder rote Muskelfasern das Bild spiegeln, die den Sprinter oder Langstreckenläufer ausmachen. Die Muskelbiopsie entscheidet u. U. ob der Trainingsaufwand lohnt, ob aus dem Jugendlichen ein Spitzenathlet wird oder nicht. Nur wenige konnten und werden sich auch in Zukunft, die vorgegebene Gewebsqualität nutzend, in die Reihe der Spitzenleistungssportler einreihen können. Für den Großteil der Bevölkerung sollte der Sport, gleichgültig welcher Art, zunächst Freude an der Bewegung sein und bleiben. Daß man durch Training leistungsfähiger wird und dadurch die Belastungsanforderungen des täglichen Lebens – in Beruf und Privatleben – besser, ökonomischer, mit geringerem Anstrengungsaufwand begegnen kann, ist eine positive Konsequenz. Bei höherer Leistungsfähigkeit ist die Berufsarbeit weniger ermüdend und daher die Freizeit besser genießbar. Es ist allerdings bislang nicht nachgewiesen, daß eine höhere physische Leistungsfähigkeit auch eine längere Lebenszeit garantiert. Aber es besteht eine höhere Widerstandskraft gegen Erkrankungen, und die Lebensfreude – so sagen psychologisch/soziologische Untersuchungen – ist gesteigert. Ein sinnvolles Training verzögert schließlich die Alterung, den altersbedingten Leistungsabbau, so daß das biologisch-funktionelle hinter dem chronologischen Altern zurückbleibt. Man bleibt, bei Beibehaltung des Trainings, vor allem jenseits des 3.–4. Lebensjahrzehnts, gewissermaßen 20 Jahre lang 40 Jahre alt. So ist vor allem nach Überschreitung der physischen Höchstleistungsfähigkeit ein regelmäßiges Training zur Erhaltung der physischen Leistungsfähigkeit wichtig. Aber in diesem Alter sollte man Überforderungen der Organsysteme durch übertriebenen Ehrgeiz vermeiden. Sicher, man soll seinem Körper im Training etwas zumuten, »1× am Tag ins Schwitzen kommen«, aber man sollte die Zeichen der Überforderung – Reizbarkeit, Erschöpfung mit erforderlichen, langen Erholungsphasen usw. – erkennen und sein Training danach einrichten. Vereine und freie Sportgruppen haben, bei guter Trainingsleitung, einen großen Anteil am Erhalt der Leistungsfähigkeit und Gesundheit der Bevölkerung. Aber die Sportgruppe birgt auch die Gefahr in sich, daß Personen mit schlechterer Leistungsfähigkeit versuchen sich am Leistungsstand der höher Leistungsfähigen zu orientieren und sich damit überfordern. Dabei ist es eigentlich gleichgültig, um welche Trainings-, Sportarten es sich handelt. Alle Trainingsverfahren müssen den biologischen Gesetzmäßigkeiten des Trainings folgen, müssen den adäquaten Trainingsreiz beinhalten, soll das Training überhaupt einen Erfolg haben. Aber durch Überforderung wird ein Training ineffektiv. Es müssen daher Leistungsgruppen gebildet werden. Weiterhin müssen die Voraussetzungen für ein optimales Training gewährleistet sein. Bei Lauftreffs muß z. B. darauf geachtet werden, daß, um Fuß-, Knie- und Hüftgelenke zu schonen, entsprechendes Schuhwerk getragen und das Laufen auf hartem Untergrund (Asphaltböden u. ä.) vermieden wird. Schließlich sollte (Eigenmessung) die Pulsfrequenz kontrolliert werden – je nach Alter sollte die Pulsfrequenz 120–150/min nicht überschreiten –, um dadurch z. B. die Laufgeschwindigkeit zu optimieren und Überforderungen zu vermeiden.

Die Belastungen im Beruf, die mit der individuellen Leistungsfähigkeit in Einklang gebracht werden müssen, schwanken von Arbeitsplatz zu Arbeitsplatz in weitesten Grenzen. Wir kennen einerseits Arbeiten, deren physische Belastung eine Überforderung des Menschen darstellt, und andererseits Arbeitsplätze, bei denen – wie GRAF sagt – die »Unterforderung zur Überforderung« wird. Das Spektrum hat sich heute erheblich erweitert. Man findet, das zeigen viele arbeitswissenschaftliche Arbeitsplatzanalysen in den verschiedensten Industriezweigen, nur selten eine direkte Beziehung der physischen Leistungsfähigkeit der Belegschaftsmitglieder zu ihrer Arbeitsintensität. Selbst sog. Schwerarbeiter haben eine Leistungsfähigkeit des Herz-Kreislaufsystems, welche der Durchschnittsbevölkerung entspricht. Die tägliche Berufsarbeit fördert die Leistungsfähigkeit des einzelnen offensichtlich nur in gewissen Grenzen. D. h., durch die tägliche Berufsarbeit werden nur bedingt Reize gesetzt, die mit dem adäquaten Trainingsreiz für die einzelnen Körpersysteme konform gehen. Es wurden z. B. Pulsfrequenzsteigerungen bis zu 180–200 Pulsschlägen/min bei der beruflichen Arbeit gemessen, Pulsfrequenzen, die die Trainingsschwelle in der absoluten Höhe für das Herz-Kreislaufsystem eindeutig überschreiten. Trotzdem entspricht u. U. die individuelle Leistungsfähigkeit nicht der beruflichen Anforderung. Das ist darauf zurückzuführen, daß diese Kreislaufreaktionen weniger durch dynamische Muskelarbeit, sondern durch statische Haltearbeit, Klimaexposition, psychische Belastungen etc. bedingt sind.

Abb. 1 zeigt einerseits die energetische (= dynamisch-muskuläre) Belastung und andererseits die Pulsfrequenz (Arbeitspuls = Gesamtpuls – Ruhepuls im Liegen) als Reaktion des Herz-Kreislaufsystems auf die verschiedenen, auf den Menschen einwirkenden Belastungsformen wie Muskelarbeit, Klima, psychische Belastung usw. Die dick markierte Senkrechte stellt die sog. Dauerleistungsgrenze dar. Bei Unterschreitung dieser Grenze kann man, nach heutigem Wissensstand, eine gesundheitliche Schädigung durch die beruflich, u. U. auch durch die Privatsphäre, bedingte Belastung mit großer Wahrscheinlichkeit ausschließen. Daß die Kurve der Pulsfrequenz gegenüber der des Energieverbrauches nach rechts, also zur höheren Belastungsintensität hin verschoben ist, läßt sich dadurch begründen, daß der Energieumsatz lediglich die muskuläre Belastung, die Pulsfrequenz aber die Summe der auf den Menschen einwirkenden Belastungen spiegelt. Bei einer spezifischen Analyse dieser Kurven zeigt sich, daß in den letzten 30 Jahren die muskuläre Schwerarbeit im Durchschnitt um ca. 30% abgenommen hat, daß dafür aber andere Belastungsfaktoren (Stressoren) verstärkt in Erscheinung treten. Es erscheint auf den ersten Blick paradox, daß trotz Reduktion der physischen Belastungen in der Arbeitswelt die Erkrankungshäufigkeit und die Zahl der Frühinvalidität in der Bevölkerung ansteigt. Erklärbar ist dieses Phänomen nur durch die Tatsache der

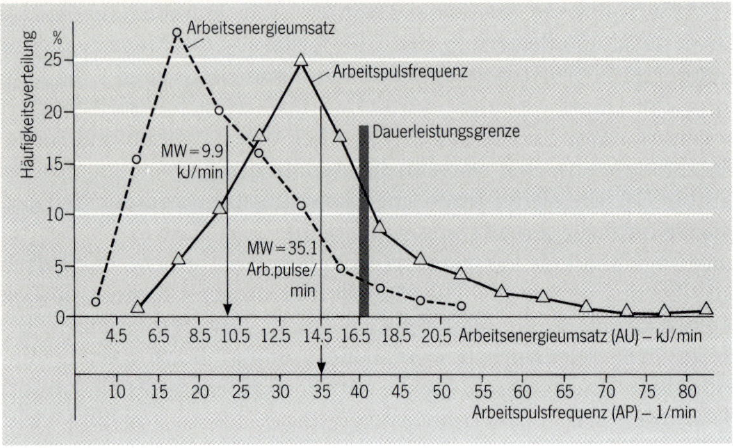

Abb. 1 Häufigkeitsverteilung des mittleren Arbeitsenergieumsatzes und der Arbeitspulsfrequenz an 1096 industriellen Arbeitsplätzen (Eisen- und Stahl-, Glasindustrie u. a.) – Stand 1988, nach Hettinger u. Mitarb., Scholz und Steinhaus

Verschiebung der Belastungsarten von der mehr muskulären zu den verstärkt psycho-mentalen Formen.

Gewandelte Technologie ist also nicht generell gleichbedeutend mit Arbeitserleichterung. Das ist auch verständlich, wenn man aus der Vielfalt der Stressoren der Arbeitswelt nur einige beispielhaft (Tab. 1) herausgreift.

Der Wandel der Technik – Reduktion muskulärer Schwerarbeit, Zunahme psycho/mentaler Belastung – erzwingt muskuläre Passivität. Aus ökonomischen Gründen – Energieersparnis – baut der Körper z. B. Muskelsubstanz ab, wenn die Arbeitsleistung des Muskels nicht gefordert wird. Die Leistungsfähigkeit sinkt, wie man – in extremer Form – nach einigen Tagen erzwungener Bettruhe selbst feststellen kann. Gezielte Aktiv-Maßnahmen zum Bilanzausgleich zwischen Belastungsanforderung und Belastbarkeit sind also erforderlich.

Die physische Leistungsfähigkeit, die Muskelkraft und Ausdauer (Herz-Kreislaufsystem) betreffend, zeigt eine deutliche Abhängigkeit von Alter und Geschlecht (Abb. 2). Zwischen dem Verlauf der Kraft einerseits und der Belastbarkeit des Herz-Kreislaufsystems andererseits bestehen im Trend keine Unterschiede. Der Leistungsverlauf, hier dargestellt an der maximalen Sauerstoffaufnahme, zeigt keine Unterschiede zwischen Kna-

Tab. **1** Beispiel möglicher Stressoren in der Arbeitswelt

Individuelle Faktoren:	reduzierte physische Leistungsfähigkeit, fehlende Eignung – z. B. Inkompetenz für vorgegebene Arbeiten
Leistung:	qualitativ und/oder quantitativ überhöhte Anforderungen Überstunden, nicht ausreichende Erholung dauernder Zeitdruck (Hektik)
Umgebungsfaktoren:	Klima Lärm Vibrationen Staub und sonstige gesundheitsschädigende, physikalische und chemische Einwirkungen (siehe: Liste der »Maximalen Arbeitskonzentration gesundheitsschädigender Arbeitsstoffe« [MAK-Werte], »Berufskrankheitsverordnung« etc.)
Organisation:	Isolation/Arbeitsdichte unklare Aufgabenübertragung Verantwortung, insbesondere bei fehlender offizieller Befugnis Konflikte mit Vorgesetzten und Mitarbeitern
Psycho-/soziologischer Problemkreis:	Konkurrenzdruck – Ehrgeiz, Engagement Enttäuschung – fehlende Anerkennung Arbeitsplatzwechsel Betriebsklima

ben und Mädchen im Jugendalter. Bei den Knaben steigt dann die physische Leistungsfähigkeit, mit einer Leistungszuwachsrate von annähernd 5–7%/Jahr an, um ca. mit dem 20. Lebensjahr das Maximum zu erreichen und für etwa 10 Jahre konstant zu bleiben. Nach dem 30. Lebensjahr beginnt bereits der Leistungsabbau, so daß der 65jährige noch eine physische Leistungsfähigkeit hat, die rund 70% der des 20–30jährigen Mannes entspricht. Bei den Frauen ist die maximale physische Leistungsfähigkeit bereits mit der Pubertät – etwa dem 14.–16. Lebensjahr – erreicht. Ab dem 20. Lebensjahr kann man – im berufsfähigen Alter – dann mit einer Leistungsfähigkeit der Frauen rechnen, die im Durchschnitt rund ⅔ der des Mannes beträgt.

Dieser Unterschied der Leistungsfähigkeit zwischen Männern und Frauen ist aber lediglich auf die physischen Funktionen beschränkt, wäh-

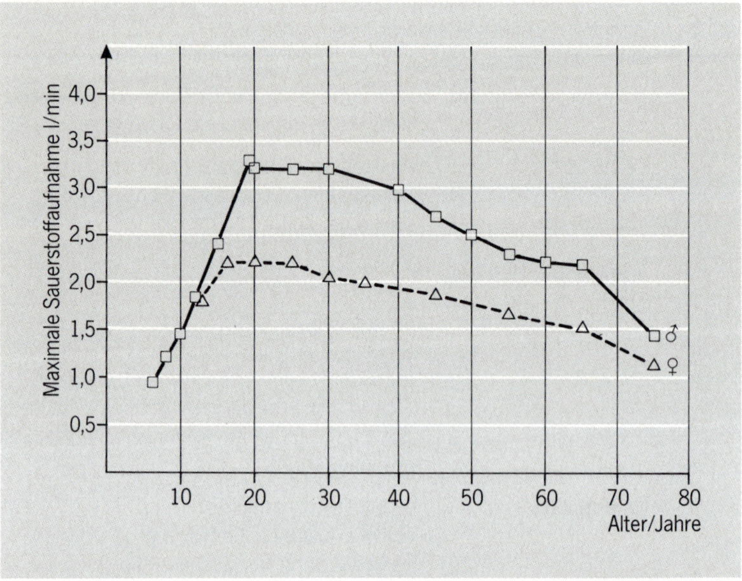

Abb. 2 Maximale Sauerstoffaufnahme in Abhängigkeit von Alter und Geschlecht (n = 2834) nach Hollmann

rend im senso-motorischen und im mentalen Bereich die Leistungsfähigkeit der Frauen mit der der Männer identisch ist oder diese gar übersteigt. Abb. 3 zeigt diese Situation am Beispiel der Handgeschicklichkeit. Im Jugendalter bestehen zwischen Frauen und Männer keine Unterschiede, während im weiteren Verlauf des Lebens die Frauen im Durchschnitt ca. 10% geschickter sind als Männer. Die Ursache mag einerseits daran liegen, daß die Frauen feingliedriger sind, also weniger Masse zu bewegen haben und dadurch raschere Bewegungen ausführen können. Andererseits sind die Frauen infolge ihrer täglichen Arbeit, die im Durchschnitt mehr Geschicklichkeit als die Arbeit der Männer erfordert, auf einem höheren Übungsstandard.

Wie gezeigt, weist der Trendverlauf der physischen aber auch der sensomotorischen Leistungsfähigkeit nach dem 30. Lebensjahr eindeutig eine abfallende Tendenz auf. Daß sich der Ältere häufig mit der Leistung des Jüngeren messen kann oder diese u. U. sogar übertrifft, ist auf die Lebenserfahrung zurückzuführen, so daß er eine Arbeit mit weniger »Energieeinsatz« bewältigt, gewissermaßen den Leistungsabfall der physischen Funktionen – zumindest zum Teil – kompensiert.

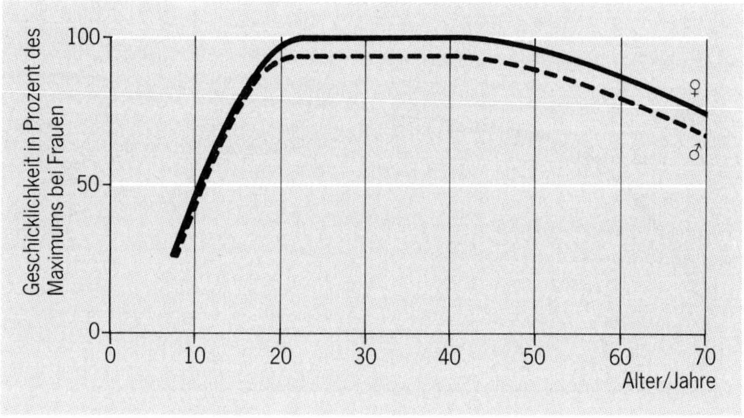

Abb. 3 Geschicklichkeit in Abhängigkeit von Alter und Geschlecht – Maximum der Geschicklichkeit bei Frauen (ca. 20.–40. Lebensjahr = 100%) nach Werten von Eissfeld, Hines u. O'Conner, Hintersdorf, Jöge, Krause, Kretschmar, Miles, Müller und Vetter, Olbricht, Rutenfranz u. Hettinger u. Hellbrügge, Viertler

In Abb. 4 wurde die Diskrepanz zwischen der mit zunehmendem Alter wachsenden beruflichen Leistungsanforderung einerseits und dem altersbedingten Leistungsabfall physischer Funktionen andererseits dargestellt. Diese beiden, altersabhängig gegenläufigen, Kurven klaffen immer mehr auseinander. Es ist eine Frage der Zeit, wann es zwischen der ständig nachlassenden körperlichen Leistungsfähigkeit und den Belastungen des täglichen Lebens zu einem negativen Verhältnis kommen muß. Der Herzinfarkt z. B., noch vor wenigen Jahren von GRAF als Managerkrankheit, als Extrembeispiel dieses Mißverhältnisses beschrieben, ist inzwischen längst nicht mehr das »Privileg« einer bestimmten Bevölkerungsschicht. Dieser Erkrankung fallen heute Menschen aus allen Berufen zum Opfer. Während früher der Herzinfarkt eigentlich nur bei Männern jenseits des 50. Lebensjahres bekannt war, erleiden heute bereits 30jährige Männer diese häufig lebensbedrohende Erkrankung, und auch Frauen bleiben nicht mehr verschont.

Die in Abb. 4 skizzierte zunehmende berufliche Leistungsanforderung wird in der Steilheit des Anstieges durch eine mehr oder weniger große Berufserfahrung reduziert, gekoppelt mit dem Bemühen ständiger Weiterbildung, um auf dem neuesten Stand zu bleiben. Das Abnehmen der physischen Leistungsfähigkeit mit zunehmendem Alter ist ein biologisches Gesetz. Diese Abnahme ist auf Dauer auch nicht mit Pharmaka aufzuhalten. Selbstverständlich ist die Zeit und Intensität des biologischen Abbaues

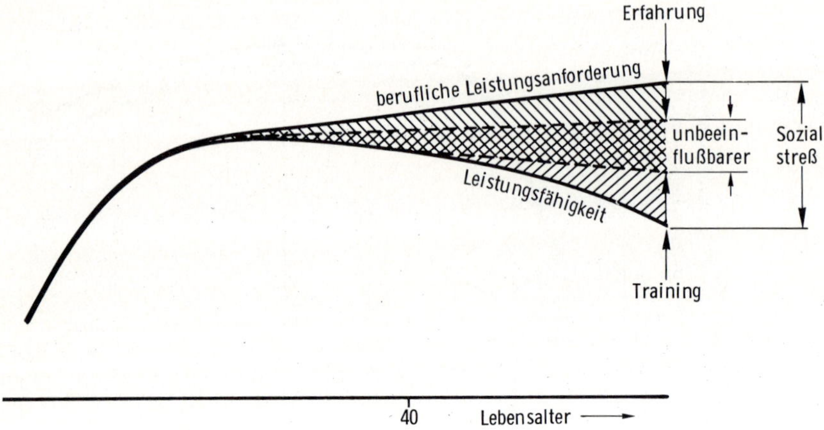

Abb. 4 Leistungsanforderung und Leistungsfähigkeit: Sozialstreß (in Anlehnung an Junge-Hülsing nach Hettinger)

großen individuellen Schwankungen unterworfen. Das chronologische Alter, dem Jahreskalender entsprechend, ist häufig nicht identisch mit dem biologischen Alter, dem »Alter« der Gewebe des Körpers. Jeder weiß, daß es den 40jährigen gibt, dessen Aussehen und Verhalten dem eines 60jährigen entspricht und umgekehrt, daß 60jährige für 40 Jahre gehalten werden. Die Geschwindigkeit des Leistungsabfalles kann allerdings durch körperliche Aktivität (= Training) gebremst werden.

Die Diskrepanz zwischen Leistungsanforderung und Leistungsfähigkeit wird als »Sozialstreß« bezeichnet, der in seiner Intensität durch die genannten Maßnahmen »Berufserfahrung und Weiterbildung« einerseits und »Training« andererseits bis auf einen kleinen Teil eines unbeeinflußbaren Sozialstreß reduziert werden kann.

PAFFENBARGER u. Mitarb. fanden in einer Untersuchung an mehr als 16 000 Personen, daß das Infarktrisiko in direkter Beziehung zur Intensität sportlicher Betätigung – gemessen am Energieverbrauch – steht. Personen, die keinen Sport treiben oder weniger als ca. 8500 Joule (etwa 2000 Kalorien*) pro Woche für sportliche Betätigung ausgeben, sind 64%

* Seit dem 1. 1. 1978 ist die physikalische Einheit »Kalorie« international nicht mehr gebräuchlich. Statt dessen steht die Einheit »Joule«. Üblicherweise wird mit Kilo-Kalorie (Kcal) bzw. Kilo-Joule (KJ) gerechnet. Trotzdem soll die Einheit »Kcal« hier, wegen der für zahlreiche Personen besseren Verständlichkeit, als 2. Wert, ebenfalls angegeben werden.
(1 KJ = 0,239 Kcal; 1 Kcal = 4,186 KJ)

stärker infarktgefährdet als Personen, deren sportliche Aktivität diese Risikogrenze überschreitet.

Sport soll und darf also nicht nur auf die Jugend beschränkt bleiben. Mit zunehmendem Alter, wenn – etwa mit dem 30. bis 40. Lebensjahr beginnend – die körperliche Leistungsfähigkeit geringer wird, erscheint der Sport im Sinne einer Prophylaxe, bzw. auch als Rehabilitation betrieben, zumindest genau so wichtig, eher noch wichtiger als im Jugendalter. Es ist, das wurde bereits gesagt, dabei nicht an Höchstleistungen gedacht, sondern an eine körperliche Betätigung, die einen Ausgleich zu den täglichen Belastungen und Beanspruchungen des Berufes darstellen soll. Erfolgt ein kontinuierlicher Übergang vom Jugendsport zum Erwachsenen- und Alterssport, bestehen meist keine größeren ärztlichen Bedenken. Die Leistungsgrenzen werden intuitiv meist recht gut erkannt, so daß Überbelastungsschäden kaum vorkommen. Die Situation ändert sich jedoch völlig, wenn – wie es leider häufig der Fall ist – zwischen dem 18. und 25. Lebensjahr der aktive Sport abrupt abgebrochen und dann jenseits des 40. Lebensjahres wieder mit dem Sport begonnen wird. Will man im Erwachsenenalter wieder mit dem Sport beginnen, müssen unbedingt 2 Punkte berücksichtigt werden:

1. Vorherige Konsultation eines Arztes, der zunächst den derzeitigen Leistungsstand feststellen muß und aufgrund dieser Kenntnis eine eingehende Beratung im Hinblick auf die sportliche Betätigung durchführt.
2. Es wäre völlig verfehlt zu versuchen – frühere sportliche Leistungen als Basis nehmend –, sofort irgendwelche sportlichen Leistungen erzielen zu wollen. Durch ein vorsichtiges, systematisch aufgebautes Training wird das gesteckte Ziel, ohne sich der Gefahr einer Körperschädigung auszusetzen, ebenfalls erreicht.

Sportliche Betätigung braucht jedoch nicht nur auf den völlig Gesunden beschränkt bleiben. Gerade der Leistungsgeminderte – gleich welcher Art – muß versuchen, seine noch zur Verfügung stehende Leistungsfähigkeit zu erhalten oder gar zu steigern. Die Frage lautet nicht, ob Sport getrieben werden soll oder nicht, sondern es muß individuell die Frage geklärt werden, welcherart und in welchem Ausmaß dieses sportliche Training durchgeführt werden soll. Durch körperliche Inaktivität dürfte es bisher häufiger zu Gesundheitsschäden gekommen sein, als dies je durch eine vernünftige sportliche Betätigung der Fall sein wird.

Sehr viel häufiger als Sportwillige im Ausmaß ihrer sportlichen Betätigung zu bremsen, wird man allerdings physisch Inaktiven – den Bewegungsmuffeln – die Notwendigkeit körperlicher Betätigung veranschaulichen und die Argumente als Entschuldigung mangelnder körperlicher Betätigung entkräften müssen.

Zeitmangel

Die berufliche Belastung ist zu zeitaufwendig. Sie läßt kaum Zeit für Familie und Freizeitgestaltung. Bereits der Weg zum Sportplatz, zur Sporthalle ist zu zeitaufwendig. In vielen Fällen versucht man, die manchmal verständliche Scheu, sich »öffentlich zur Schau zu stellen«, mit dieser Ausrede zu verschleiern. Aber man braucht nicht unbedingt einen Sportplatz, um seine Leistungsfähigkeit zu erhalten. In rund 10 Minuten täglich kann man im eigenen Heim alles Erforderliche tun, um leistungsfähig zu bleiben. Dieses Büchlein soll zeigen, wie dies möglich ist.

Finanzielle Belastungen durch erforderliche Sportgeräte

Ohne irgendwelche Sportgeräte in Mißkredit bringen zu wollen, muß festgestellt werden, daß man ohne jegliches Gerät trainieren kann, oder die benötigten Hilfsmittel sind so billig, daß man von einer finanziellen Belastung nicht sprechen kann.

Man muß sich allerdings darüber im klaren sein, daß es durch ein derartiges Kurztraining von täglich 10 Minuten nicht möglich ist, eine Reduzierung des Körpergewichtes zu erreichen. Im Verlaufe der Kraftzunahme eines Muskels – erkenntlich u. a. auch an der Querschnittszunahme des Muskels – während eines Trainings wird zwar das in der Muskulatur befindliche sog. intrazelluläre Fett abgebaut, nicht aber das den Hauptanteil des Körperfettes ausmachende Unterhautfettgewebe. Eine Mischform eines 10-Minuten-Trainings, die verschiedenen Körpersysteme in ihrem spezifischen Trainingsreiz ansprechend, wie es im folgenden dargestellt werden wird, beansprucht kaum mehr als ca. 200–300 Joule (= 50–70 Kalorien). Um 1 kg an Gewicht abzunehmen, muß man aber rund 25 000 Joule (ca. 6000 Kalorien) weniger aufnehmen als zur Erhaltung der Körpergewebe und -funktion (Grundumsatz), für Freizeit und Arbeit (Arbeitsumsatz) erforderlich ist. Abb. 5 soll einen kurzen Überblick über die Energieverhältnisse des Körpers geben. Der Grundumsatz für einen Mann mittleren Alters (30 bis 40 Jahre), mittlerer Körpergröße (175 cm) und durchschnittlichem Körpergewicht (75 kg) beträgt ca. 7100 kJ/Tag (etwa 1700 kcal/Tag). Die energetische Belastung durch die Freizeit kann mit rund 2500 kJ/Tag (600 kcal/Tag) angenommen werden (Erfahrungswert des Max-Planck-Institut für Arbeitsphysiologie, Dortmund). Auf diesen Basisbedarf pfropft sich der der Arbeitsintensität entsprechende Arbeitsumsatz auf. Die Arbeitsschwere wird dann, wie auch aus Abb. 5 ersichtlich, in Belastungsgruppen unterteilt. Die Dauerleistungsgrenze für die 8-Std.-

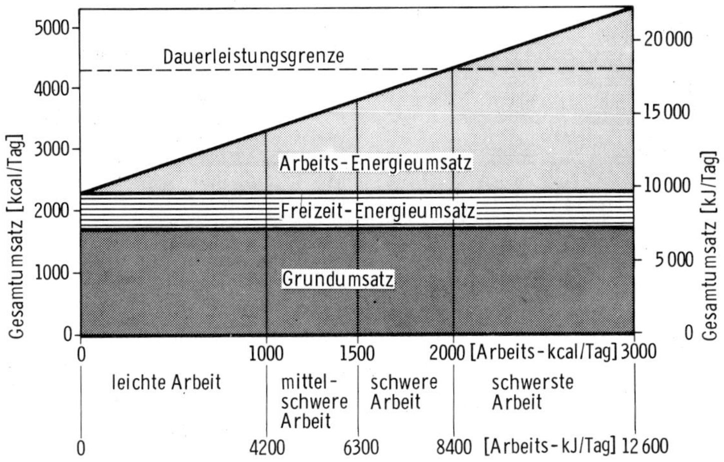

Abb. 5 Täglicher Energieumsatz

Schicht (bei Unterschreitung dieser Grenze ist nach heutigem Wissensstand eine Gesundheitsgefährdung unwahrscheinlich) wurde markiert.

Es würde den Rahmen dieser Schrift sprengen, den Energiebedarf durch die verschiedensten Formen der Arbeit einerseits und den Nährwert der Nahrungsmittel andererseits ins Detail gehend zu beschreiben. So sollen daher lediglich – als kleine Hilfestellung – einige Zahlen die Problematik der »Extras« beim Essen und Trinken beleuchten. Die einzelnen Werte wurden auf- bzw. abgerundet. Bei einem Überblick über Tab. 2 a + b, in welcher der Nährwert der Nahrungsmittel dem Energieverbrauch für Freizeittätigkeiten gegenübergestellt wurde, ist sofort klar zu erkennen, daß es durch »Extras« sehr viel einfacher ist, an Gewicht zuzunehmen, als durch Freizeitbeschäftigung – selbst wenn es sich um sportliche Betätigung handelt – abzunehmen. Gewichtsabnahme ist praktisch nur durch Reduzierung der Nahrungsaufnahme möglich oder – aus gesundheitlicher Sicht nicht ganz ungefährlich – durch einseitige Diätformen, wie sie vor allem in den letzten Jahren durch die Massenmedien propagiert werden. Ärztliche Überwachung ist in derartigen Fällen eine Notwendigkeit. Die im weiteren dargestellten Trainingsmethoden sind nicht auf spezielle Sportdisziplinen ausgerichtet, sondern sollen, den biologischen Gesetzmäßigkeiten des Trainingsreizes für die einzelnen Körpersysteme folgend, zur Förderung der allgemeinen körperlichen Leistungsfähigkeit dienen. Die Gefahr des Überlastungsschadens durch das im folgenden empfohlene Heimtraining ist praktisch nicht gegeben.

Tab. **2a** Nährwert einiger Nahrungsmittel (Extras)

Nährwert bezogen auf 100 g Ware		
Art der Nahrung	kcal	kJ
Kaffee/Tee	0	0
Vollmilch	60– 70	250– 300
Zucker	400	1650
Schlagsahne	300	1250
Eiscreme	200	850
Torte	200–400	850–1700
Pralinen	400–500	1700–2100
Schokolade	550–600	2300–2500
Erdnüsse (geschält, geröstet)	620–640	2600–2700
Haselnüsse, Walnüsse (ohne Schale)	690–710	2900–3100
Obstsäfte	45– 55	190– 230
Colagetränke	40– 50	165– 210
Aperitiv	150–200	630– 850
Schnaps, Weinbrand 32%	200	850
38%	240	1000
42%	255	1070
45%	270	1130
Bier, Dortmunder Brauart	45– 50	190– 210
Münchner Brauart	35– 40	150– 170
Südwein (süß)	200–280	850–1170
Weißwein	65– 75	270– 310
Rotwein	70– 80	290– 340

Diese kurze Übersicht sollte lediglich darüber orientieren, was durch Nahrungsaufnahme (Extras) und Energieausgabe (Freizeitbeschäftigung) im Hinblick auf eine ausgeglichene Energiebilanz getan werden kann. Man kann ablesen, daß, wie bereits gesagt, durch ein Kurztraining sich z. B. die Bilanz in Richtung Körpergewichtsabnahme kaum beeinflussen läßt. Pro Woche erfordert das Kurztraining einen Energiebedarf – vorausgesetzt, daß das Kurztraining täglich durchgeführt wurde – von rund 2000 Joule (ca. 500 Kalorien). Um das Infarktrisiko zu reduzieren, müßte – die Erkenntnisse PAFFENBARGER's nutzend – ein zusätzlicher »Sportnachmittag« helfen, die fehlende Energieausgabe für sportliche Betätigung – immerhin rund 6500 Joule (ca. 1500 Kalorien) Defizit auszu-

Tab. **2b** Energieumsatz bei Freizeittätigkeit

Energieumsatz bezogen auf jeweils 1 Minute (ohne Pausen)

Art der Beschäftigung	kcal	kJ
Lesen	0,3– 0,4	1,3– 1,7
Spazieren gehen (2–3 km/Std.)	1,7– 2,4	7,1–10,0
Wandern (3–4 km/Std.)	3,0– 4,0	12,6–16,7
Wandern mit 10 kg Rucksack	3,5– 4,5	14,2–18,8
Bergwandern (10% Steigung, 2–3 km/Std.)	4,5– 6,0	18,8–25,1
Bergsteigen	9,0	38,0
Laufen 9 km/Std.	10,0	42,0
12 km/Std.	11,4	47,7
15 km/Std.	13,6	54,8
Radfahren 10 km/Std.	2,8	11,7
15 km/Std.	4,8	20,1
20 km/Std.	7,8	32,7
Autofahren (Pkw)		
Landstraße	1,0– 1,5	4,2– 6,3
Stadt-Hautpverkehrszeit	1,5– 3,0	6,3–12,5
Gymnastik	5,0– 7,5	20,9–31,4
Tischtennis	5,3	22,2
Tennis	8,0	33,5
Badminton	8,0	33,5
Volleyball	7,3	30,6
Korbball	14,4	60,3
Fußball	13,1	54,8
Eishockey	22,0	92,1
Schlittschuhlaufen 12 km/Std.	4,7	19,7
15 km/Std.	6,2	26,0
18 km/Std.	8,1	39,9
Ski-Langlauf (6–8 km/Std.)	7,8–13,1	32,7–55,7
Abfahrt	8,7	36,4
Slalom	22,9	95,9
Schwimmen ca. 28 m/Min.	6,3– 7,0	26,4–29,3
ca. 40 m/Min.	10,0–11,5	42,0–48,1
Rudern ca. 70–75 m/Min.		
schweres Boot – fester Sitz	5,9	24,7
Dollenboot – Rollsitz	4,0	16,7
Paddeln ca. 70–75 m/Min.	2,3	9,6
Tanzen Foxtrott	5,2	21,8
Wiener Walzer	5,7	23,9
Rumba	7,0	29,3

Tab. **2b** Energieumsatz bei Freizeittätigkeit (Fortsetzung)

Energieumsatz bezogen auf jeweils 1 Minute (ohne Pausen)		
Art der Beschäftigung	kcal	kJ
Gartenarbeit:		
Graben	6,5– 7,5	27,2–31,4
Hacken	2,5– 3,0	10,5–12,6
Säen	1,5– 2,0	6,3– 8,4
Gießen (10-l-Kanne)	3,0– 4,0	12,6–16,7
Unkraut ziehen	1,5– 2,0	6,3– 8,4
Erntearbeiten	1,5– 4,5	6,3–18,8
Durchschnitt	3,0	12,6
Rasenmähen		
Handmäher	4,5– 5,5	18,8–23,0
Motormäher	3,0– 4,0	12,0–16,7

gleichen. Hier bietet sich eine Reihe von »Ausdauertrainingsarten« geradezu an, sei es, daß man auf einer »Trimm-dich«-Strecke sein Defizit ausgleicht, daß der Kreislauf beim »Jogging« durch Feld und Wald den erforderlichen Trainingsreiz erhält oder man durch Schwimmen, Radfahren usw. die Energiebilanz kompensiert und gleichzeitig entsprechende Trainingsreize appliziert.

Das hier vorgestellte »Kurztraining« soll keineswegs Ersatz für sonstige sportliche Betätigungen sein. Es hilft aber dem Eiligen, dem »Bewegungsmuffel« – die Fernsehserie »Training für Bewegungsmuffel« wurde nach diesem Buch abgedreht –, sich mit Minimaltrainingsreizen fit zu halten.

Körperliche Leistungsfähigkeit

Die Leistungsfähigkeit des Körpers wird durch das Ineinanderspiel verschiedener Organsysteme – Muskulatur, Kreislauf, Nerven usw. – gewährleistet. Versagt eines dieser Organe im Funktionsablauf, wird eine allgemein verminderte Leistungsfähigkeit die Folge sein. Daraus ergibt sich aber auch, daß es verfehlt wäre, eine Rangfolge der einzelnen Systeme des Körpers aufstellen zu wollen. Die nachfolgende Übersicht soll die wesentlichen Körpersysteme aufzeigen, die durch ein tägliches kurzes Training beeinflußt werden können, ohne aber die Wichtigkeit der Funktionstüchtigkeit anderer Organe, wie Leber, Blut usw., negieren zu wollen. In den unter den verschiedenen Organsystemen genannten Auswirkungen sind nur die Faktoren genannt, die in direktem Zusammenhang zu dem im weiteren zu Besprechenden stehen.

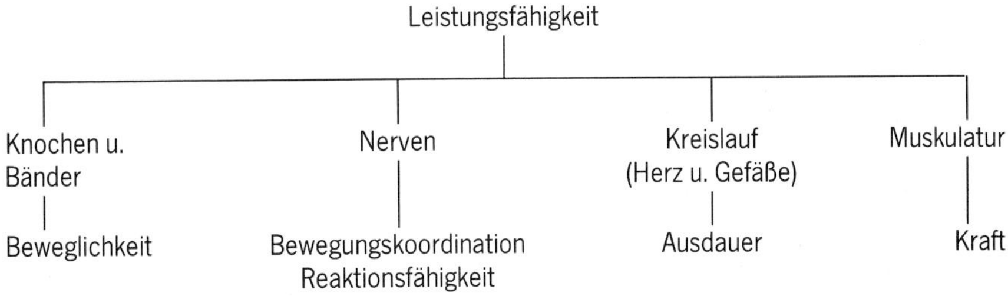

Die einzelnen Knochen im Bereich des Bewegungsapparates, gelenkig miteinander verbunden, gewährleisten und bestimmen – je nach Gelenkform – die Art der Bewegung. An den Knochen setzen die einzelnen Muskeln an und übertragen die im Muskel auftretenden Kräfte auf die Knochen. In den gelenknahen Teilen weisen die Knochen der Gliedmaßen eine Innenstruktur auf, die an die Verstrebungen einer Brücke erinnern. Die auf den Knochen auftreffenden Kräfte werden in Form von Kraftlinien in der Richtung des Auftreffens weitergeleitet und auf andere im Verlauf des Kraftflusses liegende Muskeln übertragen.

Die am Knochen ansetzenden Bänder, die das von zwei benachbarten Knochen gebildete Gelenk überspannen, haben im wesentlichen eine Haltefunktion, die Aufgabe einer gewissen Fixierung der Knochen in ihrer Stellung. Infolge ihrer Elastizität gestatten sie – der Gelenkform entsprechend – eine mehr oder weniger große Beweglichkeit in den Gelenken. Es ist verständlich, daß die Beweglichkeit um so größer sein wird, je größer die Elastizität dieses Gewebes ist. Man denke an die Beweglichkeit des Kindes gegenüber der des Erwachsenen.

Die Aufgaben des Nervensystems sind vielfältig. In dem hier zur Diskussion stehenden Bereich ist als wesentliche Aufgabe die Erfassung der den Körper treffenden Reize, deren Weiterleitung zum Rückenmark und Gehirn, sowie die Koordination der Reaktion auf diese Reize zu nennen. Als sichtbare Auswirkung z. B. die Geschicklichkeit, die Reaktionsfähigkeit.

Der Kreislauf, mit dem Hohlmuskel Herz als Pumpstation, muß bereits in Ruhe pro Tag rund 6000 l Blut durch den Körper pumpen, um die Gewebe mit Sauerstoff und Nährstoffen zu versorgen. Andererseits müssen die, bei der Arbeit aller Gewebe entstehenden, Ermüdungsstoffe auf dem Weg über den Kreislauf (Herz und Gefäße) abtransportiert werden. Da es sich bei sämtlichen Lebensvorgängen um Verbrennungsvorgänge, also um Oxidationsprozesse, handelt, muß kontinuierlich Sauerstoff – im Körper nicht speicherbar – über die Lunge aus der Außenluft aufgenommen und über das Blut den Geweben zugeführt werden. Das bei der Verbrennung entstehende Kohlendioxyd wird an das Blut angelagert, abtransportiert und über die Lunge an die Außenluft abgegeben. Die Leistungsfähigkeit des Kreislaufes bestimmt u. a. in weiten Grenzen, wie lange eine bestimmte Tätigkeit durchgeführt werden kann, also die Ausdauer.

Schließlich bleibt in dieser Betrachtung noch der Muskelapparat zu erwähnen. In der Feinstruktur eines Muskels findet man im Prinzip 2 Fasertypen, die weißen und roten Muskelfasern. Diese sind, Gen-bedingt, mehr oder weniger gleichmäßig verteilt oder auch ausgeprägt in der einen oder anderen Richtung angelegt. Die Verteilung prägt den Sprinter (vermehrt weiße Fasern) oder den Langstreckler (verstärkt rote Fasern). Man findet aber nicht nur individuelle Unterschiede, sondern je nach Aufgabenstellung zeigen auch die einzelnen Muskeln des Körpers eine unterschiedliche Faserverteilung. Muskeln, die vornehmlich statische Haltearbeit zu leisten haben, sind hell, Muskeln, die im wesentlichen dynamische = Bewegungsarbeit ausführen müssen, sind dunkel. Eine Erkenntnis, die beim Essen eines Hähnchens auffällig wird – helles Brustfleisch, dunkles Beinfleisch.

Durch Anspannung der Muskeln, durch Kraftaufwand – die entwickelte Kraft ist abhängig von der Zahl der im Muskel gleichzeitig angespannten Muskelfasern und des Frequenzmusters – wird einerseits die Bewegung, andererseits die Fixierung des Körpers in bestimmten Stellungen gewährleistet. Muskeln, die eine Bewegungsfunktion haben, überspannen immer zumindest ein Gelenk. Je nach dem hauptsächlichen Aufgabenbereich der Muskeln – Bewegungsfunktion (Gliedmaßenmuskulatur) oder Fixation (Rumpfmuskulatur) – unterscheiden sie sich, wie gesagt, in ihrem histologischen Aufbau. Die beiden Arbeitsmöglichkeiten der Muskeln sind aber, trotz unterschiedlicher Fasertypenverteilung, identisch. Je nach seinem Aufbau ist der Muskel für die eine oder andere Arbeitsart besser geeignet. Wir kennen:

Die isotonische Muskelanspannung – dynamische Arbeit (Bewegung). Der Muskel verkürzt sich bei der Anspannung. Es wird also Arbeit im physikalischen Sinne geleistet: Arbeit = Kraft × Weg.

Die isometrische Muskelanspannung – statische Haltearbeit (Fixation). Bei dieser Arbeitsform wird keine Arbeit in physikalischem Sinne geleistet, sondern lediglich Spannung entwickelt.

Isotonische Muskelanspannungen in Reinform gibt es jedoch praktisch nicht. Will man z. B. den Arm heben, erfolgt zunächst eine isometrische Muskelanspannung, bis die aufgewendete Anspannung (statische Anspannung) dem Gewicht des Armes entspricht und erst bei weiterer Anspannung des Muskels geht die isometrische in eine isotonische Anspannungsform (der Arm wird bewegt) über. Fixationsprozesse bedingen also prinzipiell isometrische, Bewegungsvorgänge im wesentlichen isotonische Muskelanspannungen. Der Begriff »isometrisch« (= gleichbleibend, ohne Längenveränderung) wird zwar allgemein verwendet, gilt aber streng genommen nur für den Gesamtmuskel und nicht für die einzelne Muskelfaser.

Diese beiden Muskelanspannungsformen haben aber im Hinblick auf die Ermüdung eine sehr unterschiedliche Wirkung. Es wurde zuvor bereits erwähnt, daß sämtliche Lebensvorgänge Verbrennungsvorgänge sind, d. h., daß kontinuierlich Sauerstoff über das Blut dem Gewebe zugeführt werden muß. Bei der isometrischen Muskelanspannung kommt es – bei Kräften, die mehr als 15% der maximal möglichen, nach außen abgebbaren Kraft betragen – durch den Muskel selbst zu einer kontinuierlichen Kompression der Gefäße, so daß einerseits das mit Sauerstoff beladene Blut nicht an die Gewebe herangebracht, andererseits die entstandenen Ermüdungsstoffe nicht abtransportiert werden können. Die rasche Ermüdung dieser Anspannungsform wird sofort klar, wenn man versucht, den ausgestreckten Arm – also nur das Gewicht des Armes – in der Horizontalen zu halten.

Bei der dynamischen Arbeit – in welcher Muskelanspannung und Muskelerschlaffung, man denke z. B. an das Radfahren, rhythmisch im Verhältnis 1 : 1 abwechseln – kann dagegen in der Erschlaffungsphase frisches Blut in den Muskel ein- und das mit Abfallprodukten beladene Blut aus dem Muskel ausströmen. Die statische Haltearbeit (isometrische Muskelanspannung) ist also eindeutig als unökonomisch zu betrachten, und man bemüht sich daher, im Berufsleben irgendwelche Zwangshaltungen wegen ihrer raschen Ermüdbarkeit zu vermeiden.

Wenn der Körper auch als Ganzheit aufzufassen ist, so muß man sich darüber im klaren sein, daß die verschiedenen Körpersysteme unterschiedlichen Trainingsgesetzen folgen. Danach muß sich das Training ausrichten. Das biologische Gesetz des Trainings besagt ganz allgemein, daß nur die körperliche Betätigung als Trainingsreiz wirkt, die über das normalerweise übliche tägliche Maß hinausgeht. Der adäquate Trainingsreiz ist jedoch für die verschiedenen Körpersysteme verschieden. So schreibt z. B. DE LORME – auf das Kreislauf- und Krafttraining bezugnehmend –, daß häufige Muskelanspannungen gegen einen geringen Widerstand die Ausdauer, wenige Muskelanspannungen gegen einen hohen Widerstand die Kraft erhöhen.

Es würde den Sinn dieser Schrift überschreiten, sollte hier versucht werden, tiefer in die anatomischen und physiologischen Gegebenheiten der besprochenen Organsysteme einzudringen. Weiterhin soll auf die verschiedenen biologischen Gesetze des Trainings nicht im Detail eingegangen werden, zumal auch heute noch nicht alle Einzelheiten bekannt sind. Das Studium der Fachliteratur wird jedoch dem Interessierten die näheren Zusammenhänge klarmachen. Mit dieser Schrift wird lediglich beabsichtigt, einige anatomische und physiologische Hinweise zu geben und schließlich Trainingsformen zu demonstrieren, die dem Leser behilflich sein sollen, mit wenig Zeitaufwand die physische Leistungsfähigkeit seines Körpers zu erhalten bzw. zu steigern. Die Möglichkeiten des Krafttrainings werden hier in den Vordergrund gestellt, während das Training der anderen genannten Körpersysteme lediglich mit einigen wenigen Beispielen angesprochen wird. Das bedeutet jedoch keineswegs, daß das Krafttraining als vorrangig anzusehen ist. Die Möglichkeit, die Kraft mit geringem Zeitaufwand zu trainieren, ist aber weniger bekannt. Es wurde weiter oben bereits darauf hingewiesen, daß die einzelnen Organsysteme, in bezug auf die körperliche Leistungsfähigkeit, in ihrer Wichtigkeit gleichrangig zu werten sind.

Im täglichen Leben, bei der Arbeit sowie beim Sport werden gleichzeitig fast alle Körpersysteme, wenn auch mit jeweils unterschiedlicher Intensität, beansprucht. Beim Tischtennis oder Tanzen z. B. werden die Geschicklichkeit, Beweglichkeit und zum Teil auch die Ausdauer als wesentliche Faktoren berücksichtigt werden müssen. Als typische Sportart, bei der die Ausdauer – das Herz-Kreislauf-System – im Vordergrund steht, wäre der Langstreckenlauf zu nennen. Der Sprint verlangt Kraft und Reaktionsfähigkeit, beim Gewichtheben steht die Kraft im Vordergrund. Das Rudern verlangt praktisch in gleichem Maße Kraft und Ausdauer. Man könnte eine derartige Differenzierung der einzelnen Sportarten beliebig erweitern. Im folgenden soll aber lediglich dem Trainingsbedürfnis zum Erhalt bzw. zur Verbesserung einer möglichst umfassenden Fitness, im Blickwinkel gesundheitlicher Konsequenz und Befindlichkeit weiter Bevölkerungskreise, Rechnung getragen werden.

Sind Sie fit?

Sollten Sie sich, nachdem Sie das Voraufgegangene gelesen haben, selbst die Frage stellen: »Bin ich eigentlich noch fit?«, so wird man diese Frage im Blickwinkel der verschiedenen Körperfunktionen – Beweglichkeit, Geschicklichkeit und Reaktionsfähigkeit, Kraft, Belastbarkeit des Herz-Kreislauf-Systems usw. – sehen müssen. Aus dieser Aufzählung der verschiedenen Fähigkeiten geht bereits hervor, daß man eigentlich fragen müßte: Fit für was? Diese Frage tangiert m. E. aber im wesentlichen den Leistungssportler. Im Extremfall: »Fit als Sprinter« oder »Fit als Langstreckler«. Die Leistungsfähigkeit des Herz-Kreislauf-Systems des Sprinters ist nicht besser als die der Durchschnittsbevölkerung, die Muskelkraft des Langstrecklers nicht besser als die der Mitbürger. Der Sprinter ist bekanntlich ein schlechter Langstreckler, der Langstreckler ein schlechter Sprinter. Auf der Basis unterschiedlicher Muskelqualität, gestützt auf ein vornehmlich körpersystem-spezifisches Training, wird der Leistungssportler vorzugsweise in einer bestimmten Richtung aufgebaut. Er ist fit für eine bestimmte Leistung, bei welcher das eine oder das andere Körpersystem die Leistung limitierend im Vordergrund steht. Diese Frage einer derartigen Spezialisierung wird sich außerhalb des Leistungssportes in weitaus geringerem Maße stellen. Die Leistungsfähigkeit der einzelnen Organsysteme sollte möglichst optimal aufeinander abgestimmt sein. Obwohl das Herz-Kreislauf-System, dessen Versagen in der Endkonsequenz das tragischste Schicksal auslöst, wohl im Vordergrund der Betrachtung steht, dürfen die anderen Organsysteme in ihrer Bedeutung keineswegs geringer angesehen werden.

Wir kennen heute sehr differenzierte Methoden, mit welcher wir in der Lage sind, die Leistungsfähigkeit der einzelnen Organsysteme des Körpers zu erfassen. Entsprechend eingerichtete internistische Kliniken bzw. sport- oder arbeitsmedizinische Institute können derartige Überprüfungen durchführen. Bei Beschwerden sollte man aber auf alle Fälle den Hausarzt, oder auch einen Orthopäden, Gynäkologen oder anderen Facharzt aufsuchen. Fühlen Sie sich jedoch gesund und sind Ihnen selbst keine Gesundheitsschäden bekannt, dann können Sie sich, allerdings nur grob, mit den nachfolgenden Tests, die Sie praktisch ohne jegliche Hilfsmittel durchführen können, über Ihre Fitness orientieren. Nebenbei – sollten Sie beruflich stark belastet sein und das 40. Lebensjahr überschritten haben, wäre Ihnen dringend zu raten, sich in Jahresabständen, zumindest aber alle 2 Jahre, einem vorbeugenden sog. Gesundheits-Check-Up zu unterziehen. Gesundheitliche Schäden im Anfangsstadium erfaßt, lassen sich meist relativ einfach und rasch wieder beheben.

Zum Testverfahren: In den hier empfohlenen 10 Tests können Sie insgesamt 100 Punkte erreichen. Wenn Sie über 50 Jahre alt sind, dürfen Sie sich für jeden Test 1 Punkt, insgesamt also 10 Punkte vorgeben. Sind Sie bereits über 60 Jahre alt, können Sie sich sogar insgesamt 20 Punkte vor Testbeginn gutschreiben. Nach Durchführung der Tests mögen Sie feststellen, in welcher Richtung Ihre Fitneß u. U. Schwächen aufweist und können entsprechende Gegenmaßnahmen ergreifen. Insgesamt sollte die Punktzahl 65–70 eigentlich nicht unterschritten werden. Ist das Ergebnis für Sie befriedigend, wäre Ihnen zu empfehlen, daß Sie sich auch weiterhin körperlich betätigen, um Ihre Leistungsfähigkeit zu erhalten. Inaktivität bedeutet Leistungsverlust. Fällt das Ergebnis für Sie allerdings nicht so gut aus, dann wird es höchste Zeit – in Ihrem eigensten Interesse –, etwas für Ihre Gesundheit zu tun. Etwa 10 Minuten pro Tag. Diese Schrift zeigt Ihnen im weiteren, was Sie tun können, um sich ohne größeren täglichen Zeitverlust fit zu halten. Die folgenden Testverfahren können naturgemäß auch im Sinne von Trainingsübungen angewandt werden.

Testen Sie Ihre Beweglichkeit, Geschicklichkeit und Reaktionsfähigkeit

6a

6b

1. Mit geschlossenen Füßen und durchgedrückten Knien Rumpf nach vorn beugen (ohne Nachwippen).

		Punkte
Hände liegen flach auf dem Boden (Abb. 6a)		10
Finger liegen auf dem Boden		8
Fingerspitzen berühren den Boden		6
Erreichen Sie mit den Fingerspitzen nicht den Fußboden, Lineal in die Hand nehmen und durch die Hand auf den Boden rutschen lassen. Fingerspitzen auf die Meßeinteilung des Lineals auflegen. Aufrichten und den Abstand auf dem Lineal ablesen. Abstand Mittelfingerspitzen zu Fußboden weniger als (Abb. 6b)	2 cm	5
	2– 5 cm	4
	(Abb. 6 b) 5–10 cm	3
	10–15 cm	2
	mehr als 15 cm	1

7a

7b

2. Im Sitzen mit der großen Zehe die Nase berühren. Mit einer Hand den Fuß führen und versuchen, den großen Zeh an die Nase heranzubringen. Rumpf und Kopf nach vorn beugen.

Bei diesem Test können Sie sich mit dem Rücken an eine Wand, einen Sessel oder eine Couch anlehnen. Mit der anderen Hand mißt man gegebenenfalls mit dem Lineal den Abstand von der Nase zur großen Zehe.

	Punkte	
Entfernung Nase–Zehenspitze	rechts	links
(Abb. 7 a) Zehenspitze an der Nase	5	5
weniger als 5 cm	4	4
5–10 cm	3	3
(Abb. 7 b) 10–20 cm	2	2
mehr als 20 cm	1	1

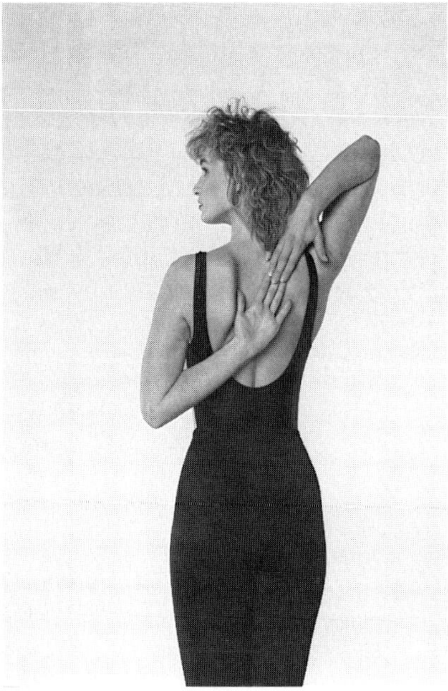

8a

8b

3. Im Stehen werden die Arme nach hinten genommen und im Ellenbogen angewinkelt. Die Handfläche der rechten Hand und der Handrücken der linken Hand liegen auf dem Rükken auf. Die Finger werden gestreckt. Berühren sich die Finger nicht, ein Lineal in die Hand nehmen. Auf dem Lineal die Entfernung zwischen den Fingerspitzen ablesen. Danach Stellungswechsel der Arme.

	Punkte	
	rechter Arm	linker Arm
Fingerspitze des Mittelfingers der rechten Hand geht über das Endgelenk des Mittelfingers der linken Hand (Abb. 8 a)	5	5
Finger berühren sich	4	4
Fingerspitzen bis 5 cm auseinander	3	3
Fingerspitzen 5–10 cm auseinander	2	2
Fingerspitzen (Abb. 8 b) mehr als 10 cm auseinander	1	1

9

4. Nehmen Sie ein Lineal, stellen Sie das Lineal quer auf die Handfläche und versuchen Sie, das Lineal zu balancieren (Abb. 9). Zählen Sie dabei langsam 21, 22, 23 usw. Beim Zählen prinzipiell mit der Zahl 21 beginnen. Wie lange können Sie das Lineal balancieren? Sie haben mit jeder Hand 3 Versuche, die beste Zeit wird gewertet.

	Punkte	
	rechter Arm	linker Arm
Mehr als 12 Sekunden (gezählt über 32)	5	5
10–12 Sekunden (gezählt bis 32)	4	4
7–9 Sekunden (gezählt bis 29)	3	3
6–4 Sekunden (gezählt bis 26)	2	2
weniger als 3 Sekunden (gezählt 21–23)	1	1

10

5. Legen Sie ein Handtuch auf den Boden. Versuchen Sie dieses Handtuch mit den Zehen zu greifen und hochzuheben. Das Handtuch muß mit den Zehen gehalten werden, bis der Oberschenkel zumindest einen rechten Winkel zum Oberkörper erreicht (Abb. 10). Nur dieser Versuch wird gewertet. Das Handtuch abwechselnd mit dem rechten und linken Fuß anheben. Sie haben mit jedem Fuß 5 Versuche, jeder gelungene Versuch = 1 Punkt.

Testen Sie Ihre Kraft und Ihren Kreislauf

11

6. Legen Sie sich auf den Rücken, heben Sie dann den Oberkörper und die gestreckten Beine an, so daß nur noch das Gesäß den Boden berührt. Beide Hände werden auf die Schienbeine gelegt (Abb. 11). Zählen Sie in Gedanken langsam mit 21 beginnend. Wenn Sie mit den Beinen oder dem Rücken den Boden berühren, ist der Versuch beendet.

(zählen)	Punkte
Weniger als 5 Sekunden (21–25)	1
6–10 Sekunden (26–30)	2
11–15 Sekunden (31–35)	3
16–20 Sekunden (36–40)	4
21–25 Sekunden (41–45)	5
26–30 Sekunden (46–50)	6
31–35 Sekunden (51–55)	7
36–40 Sekunden (56–60)	8
41–45 Sekunden (61–65)	9
mehr als 45 Sekunden (mehr als 65)	10

12

7. Legen Sie sich auf den Bauch. Heben Sie dann den Oberkörper und beide gestreckten Beine an. Die Hände liegen auf den Oberschenkeln (Abb. 12). In Gedanken langsam mit 21 beginnend zählen. Berühren Sie mit dem Kinn oder den Beinen den Boden, ist der Versuch beendet.

(zählen)	Punkte
Weniger als 5 Sekunden (21–25)	1
6–10 Sekunden (26–30)	2
11–15 Sekunden (31–35)	3
16–20 Sekunden (36–40)	4
21–25 Sekunden (41–45)	5
26–30 Sekunden (46–50)	6
31–35 Sekunden (51–55)	7
36–40 Sekunden (56–60)	8
41–45 Sekunden (61–65)	9
mehr als 45 Sekunden (mehr als 65)	10

13a

13b

8. Legen Sie sich auf den Bauch. Die Hände in Höhe des Schultergelenkes auf den Boden legen und Arme strecken (Abb. 13a). Es berühren jetzt lediglich die Handflächen und die Zehen den Boden. Jetzt im Rhythmus Arme beugen (zählen: 21) und strecken (22). Der Bauch darf bei der Beugung der Arme den Boden nicht berühren (Abb. 13b). Wieviel Liegestützen können Sie ohne Unterbrechung ausführen?

Männer	Frauen	Punkte
2	1	1
3	2	2
4	3	3
6	4	4
9	6	5
12	8	6
15	10	7
18	12	8
21	14	9
mehr als 21	mehr als 14	10

14a

14b

9. Bleiben Sie auf dem Bauch liegen und ruhen Sie sich zunächst etwas aus. Dann die gleiche Position wie zuvor einnehmen (Abb. 14a). Lediglich Handflächen und Zehen berühren den Boden. Jetzt im Sekundenrhythmus (21, 22) Beine anhocken (Abb. 14b) und strecken (Abb. 14a). Zählen Sie, wie oft Sie die Beine anhocken können.

Männer	Frauen	Punkte
2	2	1
4	3	2
6	4	3
9	6	4
12	8	5
15	10	6
18	12	7
21	14	8
24	16	9
mehr als 24	mehr als 16	10

15a

15b

10. Legen Sie sich auf den Rücken (Abb. 15a). Die Hände werden auf die Oberschenkel gelegt. Ohne daß Sie mit den Händen den Boden berühren, richten Sie sich aus der Rückenlage auf, bis, etwas gebeugt sitzend, die Fingerspitzen die Fußrücken berühren (Abb. 15b), und legen sich wieder auf den Rücken. Aufrichten und Hinlegen müssen Sie im Sekundenrhythmus (21, 22) ausführen. Die Fersen müssen bei der Übung auf dem Boden bleiben. Wie oft gelingt es Ihnen, sich hintereinander aufzurichten?

Männer	Frauen	Punkte
4	3	1
6	4	2
9	6	3
12	8	4
15	10	5
18	12	6
21	14	7
24	16	8
27	18	9
mehr als 27	mehr als 18	10

Training verschiedener Organsysteme

Grundlagen

Knochen und Bänder

16a

16b

Abb. 16 Ausgangsstellung: Arme erhoben, Zehenstand (Abb. 16a). Den Körper locker in die Kniebeuge fallen lassen. Arme nach hinten durchschwingen (Abb. 16b). In den Knien durchfedern und im Schwung den Körper wieder bis zur Ausgangsstellung aufrichten

Mit den hier als Beispiel dargestellten Übungen (Abb. 16–19) soll lediglich die Möglichkeit aufgezeigt werden, die Beweglichkeit des Körpers aufrechtzuerhalten bzw. zu steigern. Es sind Übungen, wie sie jeder noch aus seiner Schulzeit in Erinnerung hat. Man sollte derartige Übungen jeweils zwei- bis dreimal hintereinander ausführen. Wesentlich erscheint jedoch, daß die Bewegungen so ausgreifend wie möglich durchgeführt werden, um die Bänder zu dehnen und damit eine größere Elastizität zu erhalten. Für derartige Übungen braucht man täglich nicht mehr als maximal 2–3 Minuten anzusetzen.

Abb. 17 Ausgangsstellung: Beine gespreizt, Oberkörper aufrecht, Arme seitlich bis zur Horizontalen erheben. Oberkörper beugen und mit den Fingern der linken Hand den rechten Fuß berühren, zurück zur Ausgangsstellung, Oberkörper beugen, Finger der rechten Hand berühren den linken Fuß, Ausgangsstellung. Übung fließend ausführen

Abb. 18 Ausgangsstellung: Knien, Oberkörper aufrecht, Arme seitlich bis zur Horizontalen erheben. Oberkörper nach hinten neigen, Finger der rechten Hand berühren die linke Ferse. Linken Arm nach vorn oben heben, zurück zur Ausgangsstellung, Oberkörper zurückneigen, Finger der linken Hand berühren die rechte Ferse, rechten Arm nach vorn heben. Ausgangsstellung

19a

19b

Abb. 19
Ausgangsstellung: Rückenlage, Arme seitlich am Körper, Hände liegen flach auf. Beine bleiben prinzipiell gerade. Beine anheben bis zur Horizontalen (Abb. 19a), nach Möglichkeit sollen die Fußspitzen hinter dem Kopf den Fußboden berühren (Abb. 19b), zurück zur Ausgangsstellung

Nervensystem

Es wurde bereits darauf hingewiesen, daß wir beim Nervensystem nur die Geschicklichkeit und Reaktionsfähigkeit betrachten wollen. Eine Untersuchung, die wir in letzter Zeit durchgeführt haben, spricht ein Problem beim Üben der Geschicklichkeiten an, das z. B. für das sportliche Training, auch beim Hobbysportler ebenso wie für die betriebliche Praxis beim Erlernen einer neuen Technik bzw. für die Einarbeitungs- oder Anlernzeit von wesentlicher Bedeutung ist. Wir ließen in verschiedenen Gruppen einen sehr einfachen Bewegungsablauf in unterschiedlicher, für

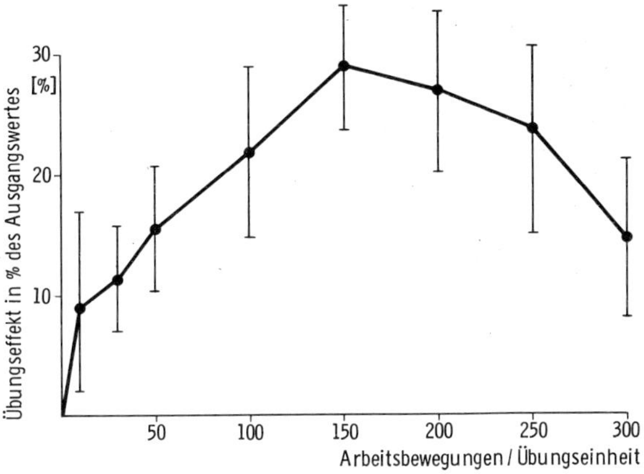

Abb. 20 Zunahme der Fingergeschicklichkeit nach 2wöchiger Übungsperiode in Abhängigkeit von der täglichen Übungshäufigkeit (Hettinger u. Mitarb.)

die einzelne Gruppe jedoch konstanter Häufigkeit hintereinander durchführen. Wie die Abb. 20 zeigt, nimmt mit zunehmender täglicher Übungshäufigkeit der Übungseffekt zunächst zu. Das Maximum des Übungseffektes wird, für diesen Bewegungsablauf, bei einer täglichen Übungshäufigkeit von jeweils 150 Arbeitsbewegungen hintereinander erreicht. Bei einer Übungshäufigkeit von 300 Arbeitsbewegungen je Übungseinheit ist der Übungseffekt jedoch nur noch etwa 50% des Effektes der bei einer Übung mit 150 Arbeitsbewegungen/Übungseinheit erzielt wird. Dieser geringere Effekt ist dadurch bedingt, daß mit Zunahme der Häufigkeit der hintereinander ausgeführten Arbeitsbewegungen die Ermüdung der für einen ökonomischen Bewegungsablauf primär eingesetzten Muskelgruppen u. U. bis zur Arbeitsunfähigkeit dieser Muskeln ansteigt. Um trotzdem die erforderliche Arbeitsleistung zu erreichen, müssen Hilfsmuskeln eingesetzt werden. Die Leistung wird evtl. zwar erreicht, jedoch auf Kosten eines ausgreifenderen unökonomischeren Bewegungsablaufes. Dieser unökonomische Bewegungsablauf schleift sich, auf dem Nervenwege, ein. Das heißt der Bewegungsablauf benötigt längere Zeit, der Übungseffekt ist geringer. Dieser Befund bestätigt die GRAFschen Arbeitsversuche. Mit zunehmender Ermüdung der Muskulatur wird der Wirkungsgrad der Übung also geringer.

Um die Geschicklichkeit und auch Reaktionsfähigkeit zu üben, wird man sich z. B. einen Jongleur als Vorbild nehmen, ohne allerdings dessen Präzision je erreichen zu können. Zur Übung der Geschicklichkeit braucht man für den »Allgemeingebrauch« kaum mehr als 2–3 Minuten pro Tag anzusetzen.

Abb. 21 Ein Buch auf den Kopf legen und so rasch wie möglich mehrmals durch das Zimmer gehen.

Abb. 22 Einen Ball (etwa Handballgröße) auf der Stirn balancieren

Abb. 23 Den gleichen Ball auf den Fußrücken legen und zunächst durch Anheben der Zehen in dieser Stellung fixieren. Langsam die Zehen nach unten bewegen und den Ball auf dem Fußrücken balancieren

Abb. 24 Mit 3 kleinen Bällen (etwa 5–7 cm Durchmesser) o. ä. jonglieren. Zunächst 2 Bälle in die rechte Hand, einen Ball in die linke Hand nehmen. Mit der rechten Hand einen Ball in die Luft werfen, der mit der linken wieder aufgefangen werden soll. In der Zeit, in der der erste Ball in der Luft ist, wird der zweite Ball aus der rechten Hand ebenfalls hochgeworfen und der dritte Ball aus der linken Hand in die rechte Hand geworfen, so daß der erste Ball mit der linken Hand aufgefangen werden kann

Kreislauf

Um den Kreislauf zu trainieren, kann man z. B. einen Dauerlauf auf der Stelle ausführen (Abb. 25a). Je nach der derzeitigen Leistungsfähigkeit legt man einen Zwischenspurt ein, in dem man mit dem Lauf schneller werdend die Beine bis an die Brust zieht (Abb. 25b). Auch den Spurt wird man entsprechend der Leistungsfähigkeit dosieren müssen. Anfänglich wird man etwa 10 Sprintschritte einlegen und mit zunehmender Leistungsfähigkeit die Häufigkeit und Dauer der Sprints steigern. Um etwas Abwechslung in dieses Training zu bringen, kann man auch Seilspringen (Abb. 26). Ein einfaches Stück Wäscheseil genügt. Machen Sie diese Übungen aber barfuß. Sie trainieren einerseits die Fußmuskulatur besser und stören andererseits nicht den Nachbarn.

Der Minimaltrainingsreiz für das Herz-Kreislauf-System basiert auf der sog. BAUM-HOLLMANNschen Formel:

180 – Lebensalter = Trainingsreiz

Für den 50jährigen würde diese Formel also bedeuten:

180 – 50 = 130

25a

25b

d. h., um dem Herz-Kreislauf-System den Minimaltrainingsreiz zu applizieren, muß mit dynamischen Muskelanspannungen – wie zuvor beschrieben – eine Belastung vorgegeben werden, die die Pulsfrequenz auf mehr als 130/Min. ansteigen läßt. Um den Trainingsreiz wirksam werden zu lassen, muß diese Belastung für mindestens 3–5 Minuten aufrechterhalten werden. REINDELL hat den Minimaltrainingsreiz des Herz-Kreislauf-Systems einmal allgemein beschrieben und etwa gesagt: »Um den Kreislauf zu trainieren, muß man einmal am Tag hinter Puste kommen.« Wenn Sie in einem Hochhaus arbeiten, können Sie diesen Trainingsreiz bereits erreichen, indem Sie nicht den Aufzug, sondern die Treppen benutzen, um in die nächst höheren Stockwerke zu gelangen. Es sei darauf hingewiesen, daß eine Pulsfrequenzerhöhung bedingt durch statische Haltearbeit der Muskulatur, durch Hitzebelastung oder auch durch psycho/mentale Belastung nicht als Trainingsreiz für das Herz-Kreislauf-System wirksam wird.

26

Muskulatur

Wie schon weiter oben gesagt, kennt man beim Muskel 2 Anspannungsformen, die isometrische und die isotonische Anspannung. Entsprechend läßt sich auch mit beiden Anspannungsformen die Muskelkraft trainieren. Es kommt lediglich darauf an, gegen einen Widerstand zu trainieren und die Belastung im Verhältnis zur maximal vorhandenen Kraft relativ hoch zu wählen. Das heißt, der gewählte Widerstand muß die Trainingsschwelle überschreiten. Eine typische isotonische Form des Krafttrainings ist das Hantel-, teilweise auch das Gewichttraining. Bei Jugendlichen, z. T. auch beim Erwachsenen bestehen bei fehlerhafter Hebetechnik gegen dieses Training, wegen der Gefahr der Wirbelsäulenschädigung, ärztliche Bedenken. Die die Wirbelsäule am meisten schonende Technik ist das Gewichtstraining im Liegen (Rückenlage). In der Privatwohnung verbietet sich ein derartiges Training aus naheliegenden Gründen. Weiterhin ist es dabei etwas schwierig, die Trainingskraft zu dosieren, da die Kraft der gleichen Muskelgruppe in Abhängigkeit von seiner Länge – z. B. extreme Beuge- und Streckstellung einer Gliedmaße – ein Verhältnis von 1 : 3 bis 1 : 4 aufweist. So entspricht z. B. die Kraft der Oberschenkelbeugemuskulatur in einer 60-Grad-Beugestellung des Oberschenkels gegen den Rumpf einem Drehmoment von ca. 4 kpm, in 20-Grad-Streckstellung des Oberschenkels dagegen von rund 16 kpm. Das isotonische Krafttraining ist schließlich – jedenfalls unter dem Gesichtspunkt des Nichtathleten – relativ zeitraubend.

Einem mit Muskelpaketen ausgestatteten Mann, etwa einem Möbelträger, einem Metzger, einem Schwerathleten, wird man sofort bescheinigen, daß er kräftig ist. Man braucht kein Arzt zu sein, um zu entscheiden, daß es sich in diesen Fällen nicht um einen fetten, sondern um einen muskulösen Mann handelt. Man verbindet also den visuellen Eindruck eines dicken Muskels mit einer hohen Muskelkraft. Das ist eine seit langem aus der Empirie – also aus der Erfahrung – entstandene Erkenntnis, die vor etwa 70 bis 80 Jahren ihre erste wissenschaftliche Bestätigung fand. Seit dieser Zeit haben sich zahlreiche Autoren mit dieser Frage beschäftigt und versucht, diese Beziehung zwischen der Dicke des Muskels und seiner Kraft zu präzisieren. Zunächst hat man versucht, die Muskeln von Leichen auszumessen und über den Hebelarm die Kraft des Muskels zu rekonstruieren. Später hat man dann am lebenden Menschen mit Kraftmeßgeräten (Dynamometern) die Kräfte bestimmter Muskelgruppen erfaßt. Als Beispiel soll hier eine Dynamometer-Einheit (Isometer), einerseits als Gesamt-Meßeinheit (Abb. 27), andererseits bei der Messung der Unterarmbeugekraft (Abb. 28) gezeigt werden. Mit diesem Gerät sind, in verschiedenen Körperpositionen, ca. 50 Muskelgruppen zu testen. Zur Messung werden in einer Wheatstone'schen Brücke angeordnete Deh-

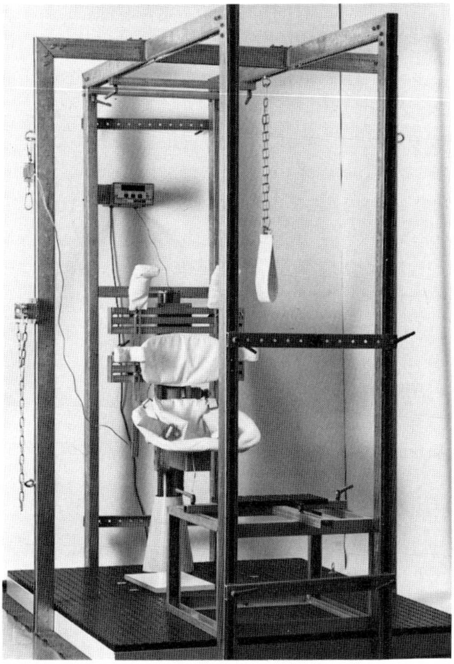

Abb. 27 Isometer n. Hettinger – Totalansicht (Hersteller: Fa. Embrica, Emmerich)

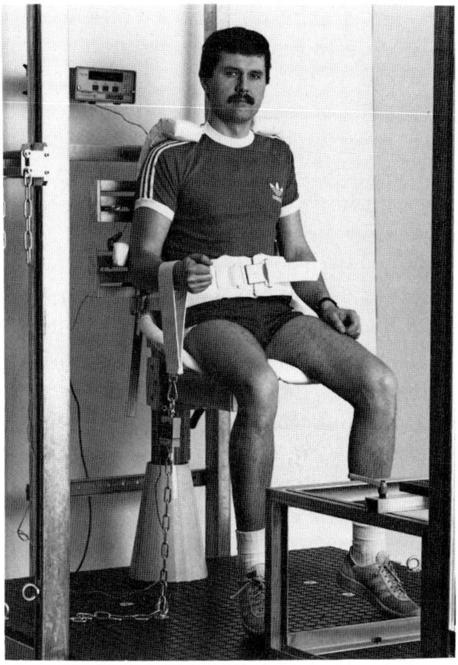

Abb. 28 Messung der Unterarmbeugekraft am Isometer

nungsmeßstreifen verwendet. Die Anzeige der aufgebrachten Kraft erscheint auf der digitalen Anzeige (im Hintergrund der Abb.). Um die Muskelkraft einer Muskelgruppe möglichst isoliert zu erhalten, muß die zu messende Person fixiert werden. Dieses Gerät verwendet man, um z. B. bei Leistungssportlern einen Kraftstatus aufzustellen und daraus u. U. Ratschläge für das weitere Training zu geben.

Unter Berücksichtigung des Ansatzpunktes des Muskels am Knochen und der Meßstelle läßt sich weiterhin der Hebelarm feststellen. Der Musculus biceps brachii, der Unterarmbeugemuskel, setzt z. B. im oberen Drittel des Unterarmes am Knochen an, während die Messung der Kraft üblicherweise in Höhe des Handgelenkes erfolgt.

Um die Unterarmbeugekraft zu ermitteln, fordert man also eine Person auf, den Arm gegen den Widerstand z. B. einer am Boden fixierten Federwaage so kräftig es geht zu beugen. Im medizinischen Sprachgebrauch bezeichnet man das als eine maximale willkürliche – da dem Willen der Person unterworfen – isometrische Muskelanspannung. Die Kraft wird auf der Federwaage abgelesen. Für den Mann findet man dann – bei rechtwinkliger Stellung des Unterarmes gegen den Oberarm – im Durchschnitt einen Wert von etwa 30 kp. Wird nun der Hebelarm berücksichtigt, so zeigt sich, daß die Kraft dieser Muskelgruppe rund 170–180 kp beträgt. Dieser Wert kann jetzt mit dem Muskelquerschnitt in Beziehung gesetzt werden. So wird heute die Kraft pro Querschnittseinheit – 1 cm^2 – des Muskels bei einer Willkürkontraktion mit etwa 4 kp angegeben. Das bedeutet, daß die verschiedenen Muskeln entsprechend ihrem Querschnitt auch eine unterschiedliche Kraft haben müssen. Es mag in diesem Zusammenhang interessant sein, daß dieser Wert unabhängig davon ist, ob es sich um eine Frau oder einen Mann handelt. Daß die Frauen – im Durchschnitt – weniger kräftig sind als Männer, ist also lediglich darauf zurückzuführen, daß die Querschnitte der entsprechenden Muskeln bei der Frau geringer sind als beim Mann. Bei dieser Art der Messung handelt es sich

a) um eine in bestimmter Körperposition nach außen abgebbare größtmögliche Kraft,
b) um eine Kraft, die durch maximale Willensanspannung mobilisierbar ist.

Wir unterscheiden jedoch zwischen einer relativen (psychischen), dem Willen unterworfenen, und einer absoluten (physischen), nur unter Streßsituation oder Doping aktivierbaren Kraft.

Die Abhängigkeit der Muskelkraft vom Muskelquerschnitt gestattet es – wenn auch mit geringerer Genauigkeit als bei der Dynamometrie, als Orientierung aber ausreichend –, durch einfaches Messen mit einem Bandmaß, die anfängliche und die im Training erreichte Kraft zu erfassen. Da der eine oder andere vielleicht an einer derartigen Kontrolle interessiert ist, sei diese Methode und der Rechnungsgang kurz wiedergegeben. Um z. B. die Kraft der Oberarmmuskulatur zu erfassen, wird etwa in der Mitte des Oberarmes dessen Umfang gemessen. Weiterhin ist jedoch erforderlich, die Dicke von Haut- und Unterhautfettgewebe durch Abheben einer Hautfalte im Meßbereich der Umfangsmessung zu erfassen. Schließlich muß in der Berechnung noch der Durchmesser des Knochens berücksichtigt werden, da sich dieser durch ein Training nicht verändert.

Der reine Muskelquerschnitt hat in diesem Beispiel rund 77 cm^2

Angenommene Werte:

Oberarmumfang	35,0 cm
Hautfalte	1,0 cm (Hautdicke daher 0,5 cm)
Knochendurchmesser (Mittelwert)	2,5 cm (Knochenquerschnitt daher 4,9 cm^2)

Radius des Armes: $r = \frac{35{,}0}{2 \times \pi} = \frac{35{,}0}{2 \times 3{,}14} = \frac{35{,}0}{6{,}24} = 5{,}6$ cm

Radius abzüglich Hautdicke: $r = 5{,}6 - 0{,}5 = 5{,}1$ cm

Gesamtquerschnitt des Oberarmes
abzüglich Haut- und Unterhautfettgewebe: $r^2\pi = 5{,}1 \times 5{,}1 \times 3{,}14 = 81{,}7$ cm^2

Gesamtquerschnitt der Oberarmmuskulatur
(Gesamtquerschnitt abzüglich Knochenquerschnitt): $81{,}7 - 4{,}9 = \sim 77$ cm^2

betragen. Multipliziert man diesen Wert mit 4 (1 cm^2 Muskelquerschnitt = 4 kp), erhält man also eine Kraft für die Unterarmbeuge- und Unterarmstreckmuskulatur von 308 kp. Da die am Handgelenk gemessene Kraft der Unterarmbeuger etwa 30 kp, die der Unterarmstrecker etwa 20 kp beträgt, würde dieser aus der Umfangmessung errechnete Wert von 308 kp einem dynamometrisch gemessenen Wert unter Berücksichtigung des Hebelarmes von 300 kp gegenüberstehen. Das ist für den praktischen Gebrauch eine völlig ausreichende Genauigkeit.

Es wurde bereits gezeigt, daß die Muskelkraft sowie die Belastbarkeit des Kreislaufes eine Abhängigkeit von Alter und Geschlecht aufweisen. Diese Abhängigkeit der physischen Leistungsfähigkeit wurde in Abb. 29 in einem geglätteten Kurvenverlauf demonstriert. Die Abbildung ist so orientiert, daß die höchst erreichbare Leistungsfähigkeit der Männer gleich 100% gesetzt und alle anderen Meßergebnisse auf diesen Wert berechnet wurden. Der Trend dieser Kurven mit ihrer Identität bei Mädchen und Knaben, dem zeitlich unterschiedlichen Maximum bei Frauen und Männern, sowie dem Leistungsverlust etwa ab dem 30. Lebensjahr, wurde bereits besprochen.

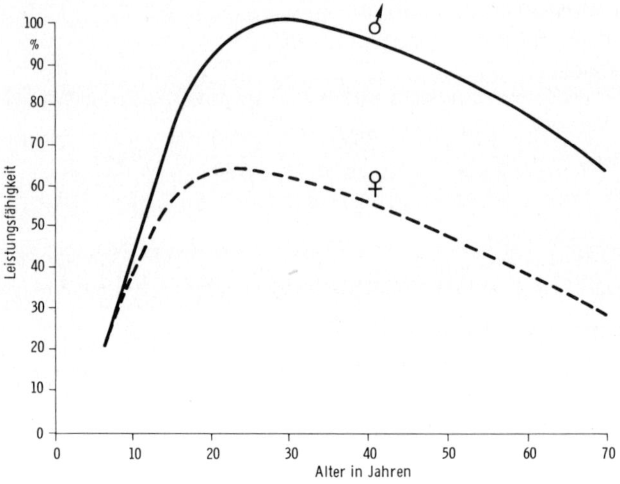

Abb. 29 Physische Leistungsfähigkeit in Abhängigkeit von Alter und Geschlecht nach Werten von: Åstrand, Bengtsson, Burke, Dementjeff, Hettinger, Müller, Lehmann, Quételet, Reindell, Reys, Rodahl, Rutenfranz und Schochrin

Die in dieser Abbildung verwendeten Ergebnisse basieren auf dynamometrischen Messungen mit willkürlichen maximalen Muskelanspannungen. Es ist aber bekannt, daß der Muskel für den Notfall eine Kraftreserve hat, die durch den Willen nicht freigemacht werden kann.

In Abb. 30 wurden die Leistungsbereiche, ursprünglich von GRAF definiert, etwas modifiziert dargestellt. Eine Leistungsbeanspruchung bis ca. 15% der absoluten Leistungsfähigkeit bezeichnet man als »automatisierte Leistung«, sie entspricht dem Begriff der »leichten Arbeit«. Bei einem Einsatz bis etwa 35% der maximalen Kapazität handelt es sich um »mittelschwere Arbeit« und eine Leistungsanforderung bis rund 65% der Maximalleistung stuft man unter dem Begriff der »Schwer- und Schwerstarbeit« ein. Der Einsatz dieser 65% der Leistungsfähigkeit ist also dem Willen unterworfen, während die Leistungsreserve, beim Menschen im Durchschnitt ⅓ der Gesamtleistung betragend, als Schutz des Körpers vor Überlastung anzusehen ist. Die Grenze zwischen der willkürlich einsetzbaren Kraft und der geschützten Kraftreserve, die man als „Mobilisationsschwelle“ bezeichnet, kann nur unter außergewöhnlichen Bedingungen überschritten werden. Wir sprechen dann von einem Streß, der z. B. durch Todesangst gegeben ist. Es ist bekannt, daß man in Notsituationen Leistun-

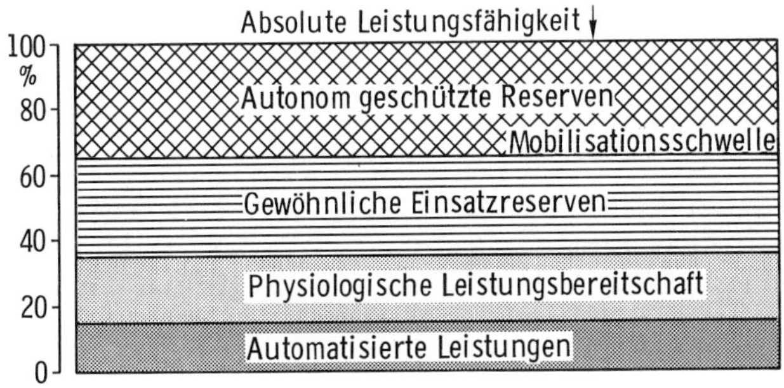

Abb. 30 Schema der Leistungsbereiche (nach Graf mod. von Hettinger)

gen vollbringen kann, die normalerweise als völlig unmöglich angesehen werden. Aber diese Mobilisationsschwelle ist auch durch Medikamente zu überschreiten, wie dies u. a. auch beim Doping der Fall ist. Die Gefahr des Dopings besteht gerade darin, daß die Reserve aktiviert und damit evtl. die absolute Leistungsfähigkeit zur Verfügung steht. Man kann sich vorstellen, daß es im Hinblick auf den Muskel unter dieser Voraussetzung sehr leicht zu einem Muskelriß kommen kann. Der Muskel wird – ohne Kraftreserve – mit der absoluten Leistungsfähigkeit belastet. Kommt es nun zu einer zusätzlichen Kraftbeanspruchung – etwa beim Lauf durch Umknikken eines Fußes usw. –, werden Muskelfasern und Sehnen über ihr Belastungsmaximum hinaus angespannt, und es kommt zu einem Zerreißen, ähnlich wie man es in der Technik bei Zerreißproben eines Materials kennt. Normalerweise werden automatisch – in der Fachsprache spricht man von reflektorisch – die Reserven mobilisiert, um die zusätzlichen Belastungen ohne Schädigungen aufzufangen. Das ist bei einem durch Doping seiner Reserven beraubten Muskel nicht mehr möglich. Im Prinzip gilt übrigens das gleiche für den Kreislauf.

Nun haben STEINHAUS und IKAI zeigen können, daß sich diese Mobilisationsschwelle auch durch sportliches Leistungstraining in Richtung auf die absolute Leistungsfähigkeit verschieben läßt. Infolge der geringeren Leistungsreserve nimmt dadurch naturgemäß die Gefahr der Körperschädigung durch Doping gerade beim Spitzensportler zu. Im Hypnoseauftrag »Sie sind besonders kräftig« steigerten »Normalpersonen« ihre Kraft gegenüber der bei einer unbeeinflußten maximalen isometrischen willkürlichen Muskelanspannung um rund 30%, Leistungssportler dagegen nur um etwa 10%. Diese interessante Untersuchung ergab zwei wesentliche Erkenntnisse:

1. Die absolute Kraft muß nicht mit 4 kp/cm^2 Muskeldurchschnitt, sondern mit etwa 6 kp/cm^2 angenommen werden.
2. Die Mobilisationsschwelle kann auch durch ein sportliches Training verschoben werden.

Letzteres macht auch klar, warum die Muskelkraft eines »Mr. Germany« u. U. niedriger liegt als z. B. die eines Gewichthebers, vorausgesetzt, daß beide den gleichen Muskelquerschnitt haben.

Wenn wir nun zu der Frage des Trainingsreizes übergehen wollen, zur Frage, was muß man tun, um den Muskel zu einem Wachstum anzuregen, so muß die Höhe der notwendigen Muskelanspannung, die Dauer sowie die Häufigkeit dieser Muskelanspannungen für die einzelnen zu trainierenden Muskelgruppen angesprochen werden. Aufgrund zahlreicher Untersuchungen in verschiedenen wissenschaftlichen Laboratorien der Welt können diese Fragen folgendermaßen beantwortet werden.

Die Muskelanspannung muß einer Intensität entsprechen, die etwa 50% der einer willkürlichen maximal ausübbaren Kraft ausmacht. Höhere Trainingskräfte zeigen keine weitere Steigerung des Trainingseffektes.

Die überschwellige Muskelanspannung muß für eine gewisse Zeit aufrechterhalten werden, um zu gewährleisten, daß die Prozesse – chemische Prozesse –, durch die es zu einem Muskelwachstum kommt, in Gang gebracht werden. Tabelle 3 gibt einen Überblick, wie lange die Muskelanspannungen bei verschiedenen Trainingskräften aufrechterhalten werden müssen.

Tab. **3**

Trainingskraft in Anteilen der Maximalkraft in %	Notwendige Trainingsdauer in Sek.
40–50	15–20
60–70	6–10
80–90	4– 6
100	2– 3

Schließlich läßt sich aus Tab. 4 die Beziehung zwischen Trainingshäufigkeit und Trainingseffekt ersehen. Auch diese Tabelle wurde aufgrund zahlreicher Untersuchungen verschiedener Autoren aufgebaut. Obwohl die optimale Trainingshäufigkeit offensichtlich bei 1× täglich liegt, wird der Trainingseffekt bei 3–5maliger Reizsetzung noch etwas verbessert. Das ist dadurch bedingt, daß die Muskelstellung bei der mehrmaligen Muskelanspannung beim Training nicht völlig identisch ist. Das bedingt, daß bei der Anspannung des Muskels auch andere Muskelpartien – Muskelfasern – angesprochen werden, die dann ebenfalls einen Trainingsreiz erhalten. Noch häufigere Trainingsreize – JOSENHANS hat täglich bis zu 600 Trainingsreize ausführen lassen – führen allerdings zu keinem besseren Trainingsergebnis. Die Tabelle zeigt in den letzten beiden Spalten die Beziehung zwischen Trainingshäufigkeit und Trainingseffekt in Relativzahlen, aus der auch der Wirkungsgrad des einzelnen Trainingsreizes ersichtlich ist.

Tab. **4**

Trainingstage pro Woche	Reize pro Trainingstag	Trainingshäufigkeit 5 × tägl. = 100%	Trainingseffekt (relativ)
7	5	100	100
7	1	20	85
3,5 (jeden 2. Tag)	1	10	70
2	1	5,7	50
1	1	2,9	30
0,5 (alle 14 Tage)	1	1,4	0

Will man keine sportlichen Höchstleistungen erzielen, würde man ein einmaliges tägliches Training durchführen, und zwar – um auf irgendwelche Geräte und Stoppuhren verzichten zu können – mit Maximalanspannungen von jeweils 2 bis 3 Sek. Dauer. Es muß noch hervorgehoben werden, daß es nicht möglich ist, in einer einzigen Trainingsstellung und einer einzigen überschwelligen Muskelanspannung sämtliche Muskeln des Körpers zu trainieren. Die Trainingsdauer von 2 bis 3 Sek. täglich gilt naturgemäß nur für die jeweils trainierte Muskelgruppe.

Zahlreiche Faktoren beeinflussen das Training. So zeigt sich eine deutliche Abhängigkeit des Trainingseffektes vom Alter, mit dem Maximum zwischen dem 20. und 30. Lebensjahr. Bei der Frau ist die Muskulatur der Gliedmaße schlechter zu trainieren als beim Mann, während die Trainierbarkeit der Rumpfmuskulatur diese Geschlechtsabhängigkeit nicht zeigt. Offenbar spielt hier der unterschiedliche anatomische Aufbau dieser beiden Muskelarten eine Rolle. Ernährung – zum Aufbau von Muskelsubstanz (= Kraft) ist eine Eiweißzufuhr von mindestens 1,5 g/Tag/kg Körpergewicht erforderlich – und Hormone – Sexual- und Wachstumshormone – beeinflussen weiterhin das Trainingsgeschehen. Die Trainingsproblematik ist sehr komplex, und es würde den Rahmen dieser Schrift weit übersteigen, hier in Details zu gehen (Näheres siehe: HETTINGER, TH.: Isometrisches Muskeltraining, 5. Aufl., Thieme, Stuttgart 1983).

Der Vorteil des isometrischen Krafttrainings liegt in folgendem:

1. Um zahlreiche Muskelgruppen des Körpers zu trainieren, benötigt man täglich insgesamt nur 2 bis 3 Minuten.
2. Eine einzelne Trainingsübung von 2 bis 3 Sek. Dauer hat praktisch keinen Einfluß auf den Kreislauf, so daß ein Krafttraining selbst von Herzkranken durchgeführt werden kann.
3. Der Muskelschwund bei den Haltungsschwächen bzw. -schäden des Jugendlichen, aber auch des Erwachsenen, der Rückenschmerz der Frau, der häufig muskulär bedingt ist (Arzt konsultieren, um Erkrankungen innerer Organe auszuschließen), kann durch ein speziell auf die in Frage kommenden Muskelgruppen gerichtetes isometrisches Training behoben werden.
4. Bei Krankheit kann man auch im Bett ein isometrisches Muskeltraining durchführen, um einen durch die Inaktivität der Muskulatur bedingten Muskelschwund zu verhindern.
   Durch Bettruhe oder etwa in einem ruhigstellenden Gipsverband verliert man pro Woche etwa 15% der vorhandenen Kraft, wenn man nicht durch prophylaktische Maßnahmen, für die sich das isometrische Training infolge seiner einfachen Durchführbarkeit anbietet, diesen Kraftverlust (Muskelschwund) verhindert.
5. Gezieltes isometrisches Krafttraining, in das normale Trainingsprogramm des Leistungssportlers eingebaut, reduziert den Zeitaufwand für den Teil »Krafttraining«.
6. DANNEMANN schreibt, die Geiger betreffend ». . . die Karriere manchen Talentes wegen mangelnder Kraft der Finger gescheitert ist . . .« und empfiehlt den Geigern ein systematisches, gezieltes isometrisches Krafttraining der Finger.

Beim isometrischen Krafttraining, das prinzipiell gegen einen Widerstand zu erfolgen hat, muß darauf geachtet werden, daß die Muskelanspannung langsam und nicht ruckartig erfolgt. Dadurch werden Muskelverspannungen, die durch rasche Muskelanspannung, wie dies z. B. im Sport häufig der Fall ist, entstehen können, verhindert. Die Muskelanspannung muß jeweils mit maximaler Kraft erfolgen und kontinuierlich über 2 bis 3 Sek. aufrechterhalten werden. Es muß noch erwähnt werden, daß man während dieser kurzzeitigen Muskelanspannungen normal weiter atmen soll. Keinesfalls eine Preßatmung durchführen.

Wie spezielle Untersuchungen gezeigt haben (GIERLICH, JUNG), lassen sich durch isometrische Muskelanspannungen auch Muskelverspannungen lösen. Diese Muskelverspannungen treten u. a. auch als Folge von Zwangshaltungen auf. Sie entstehen dadurch, daß die entsprechende Muskulatur in Relation zu ihrer Kapazität überlastet ist. Um die erforderliche Stabilität zu erreichen, verspannt sich die Muskulatur, mit einem Segelboot vergleichbar, in welchem durch verstärkte Seilspannung der Mast stabilisiert wird. In einer nicht ausreichend trainierten Muskulatur fehlt in genügender Menge ein chemischer Stoff (Adenosintriphosphorsäure-ATP), der in der Lage ist, die Muskulatur nach der Anspannung wieder zu entspannen. Man bezeichnet diesen Stoff auch als »Weichmacher«. Die Muskulatur bleibt hart und führt zu Beschwerden. Die typischen Schulter-Arm-Beschwerden, wie sie häufig bei Stenotypistinnen zu beobachten sind, lassen sich auf derartige Verspannungen, die sich im Muskel als harte Stränge fühlen lassen, zurückführen. Die gleiche Ursache können Rückenbeschwerden, Kopfschmerzen sowie manchmal auch Pseudo-Herzanfälle haben. Wesentlich erscheint jedoch, daß durch entsprechende Untersuchungen bei einem Arzt echte organische Schäden ausgeschlossen werden. In vielen Fällen läßt sich dann mit langsam ausgeführten isometrischen Muskelanspannungen, evtl. in eine Massagebehandlung eingebaut, Abhilfe schaffen. Schmerztabletten bekämpfen lediglich ein Symptom, nicht aber die Ursache. Die einzige Therapie zur Bekämpfung der Ursache kann nur lauten: Kräftigung der Muskulatur, d. h. Muskeltraining.

Im folgenden soll nun durch eine Reihe von Beispielen die Möglichkeit des isometrischen Krafttrainings für verschiedene Muskelgruppen demonstriert werden.

Die durch mehrere Übungen trainierten Muskeln bzw. Muskelgruppen werden im folgenden in Skizzen zusammenfassend dargestellt. Diese können naturgemäß nur grob orientierend sein, da z. B. die tiefer liegenden Muskeln durch eine derartige Darstellung nicht erfaßt werden können. Auf weitere Differenzierung wurde bewußt verzichtet, um den Leser nicht zu verwirren. Einige der dargestellten Übungen weisen in der Skizze die gleichen trainierten Muskeln bzw. Muskelgruppen auf. Das ist dadurch bedingt, daß die verschiedenen Übungen zwar die gleichen Muskeln trainieren, aber evtl. verschiedene Muskelpartien erfassen.

Die Ziffern verweisen auf die Abbildungen.

Training der Muskulatur des Halses

Trainierte Muskelgruppe: Kopfbeuger, Seitwärtsneiger des Kopfes, Kopfstrecker

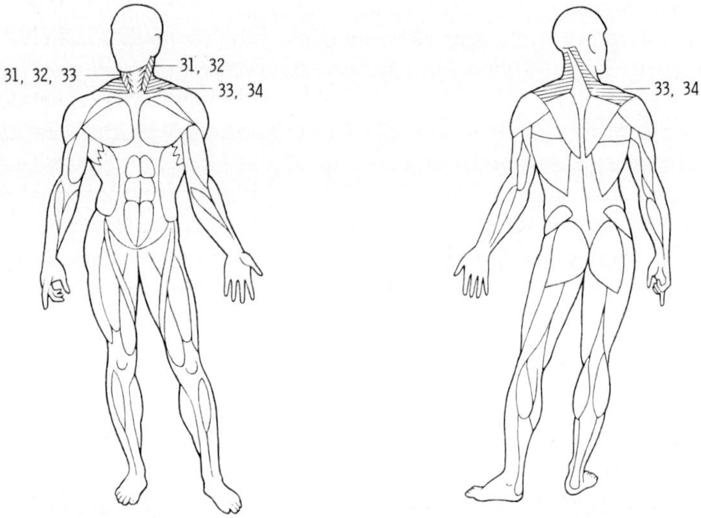

Abb. 31 An einem Tisch sitzend, den in die Hände gestützten Kopf mit maximaler Kraft beugen.
In der gleichen Körperposition, wie in Abb. 31 dargestellt, den Kopf gegen den Widerstand der Hände nach links und rechts drehen. Damit lassen sich noch die Muskeln trainieren, die die Kopfdrehung bewirken

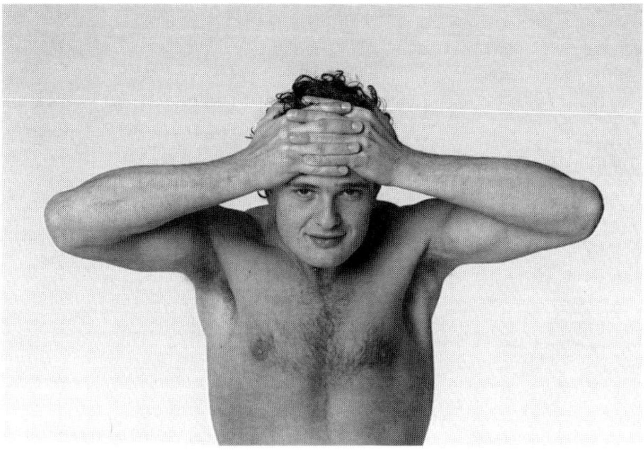

Abb. 32 Hände vor dem Kopf verschränken. Kopf gegen den Widerstand, der nach hinten ziehenden Hände, nach vorne drücken. Die angespannten Muskeln der Vorderseite des Halses sind auf der Abbildung deutlich zu erkennen

Abb. 33 Entsprechend der Abbildung den Arm über die Horizontale anheben, im Ellenbogen anwinkeln und Handfläche seitlich an den Kopf legen. Kopf gegen den Widerstand der Hand mit maximaler Kraft zur Seite neigen. Dann entsprechend die andere Seite trainieren

Abb. 34 Ein Handtuch – wie die Abbildung zeigt – um den Hinterkopf legen. Die Handtuchenden mit beiden Händen fassen und versuchen, den Kopf mit dem Handtuch nach vorne zu ziehen. Kopf gegen den Widerstand des Handtuches nach rückwärts drücken

Training der Muskulatur des Armes und Schultergürtels

— *Trainierte Muskelgruppe: Fingerbeuger, Fingerstrecker, Handdreher*

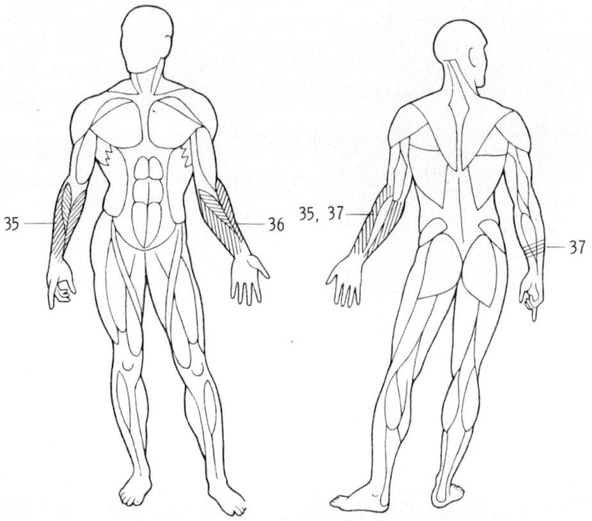

Abb. 35 Finger etwas gespreizt. Die Finger beider Hände werden im Bereich des Endgliedes gegeneinandergelegt und die Finger so fest wie möglich gegeneinandergepreßt.
Dreht man die Hände nun so, daß man in die Handinnenfläche sehen kann und beugt die Finger im Endglied, so daß zwischen Handinnenfläche und Finger ein Winkel von 100–120 Grad entsteht, kann man die Außenseite der Finger gegeneinanderlegen. Bei maximalem Druck der Finger gegeneinander erhält man einen Trainingsreiz für die Muskeln der Fingerstrecker

Abb. 36 Finger, wie auf der Abbildung dargestellt, ineinander verhaken, indem man die Finger im Grund-, Mittel- und Endglied beugt. Man muß versuchen, die Finger mit maximaler Kraft auseinanderzuziehen

Abb. 37 Beide Hände so mit den Handflächen gegeneinanderlegen, daß die Finger der rechten Hand auf dem Handrücken der linken Hand liegen und umgekehrt. Die rechte Hand wird dann gegen den Widerstand der linken Hand nach innen, also daumenwärts gedreht. Ober- und Unterarm dürfen in ihrer Ausgangsstellung während der Übung nicht verändert werden. Durch diese Übung erreicht man einen Trainingsreiz der Muskelgruppen, die die Einwärtsdrehung von Unterarm und Hand bewirken

— *Trainierte Muskelgruppe: Handbeuger, Unterarmbeuger, Armanspreizer*

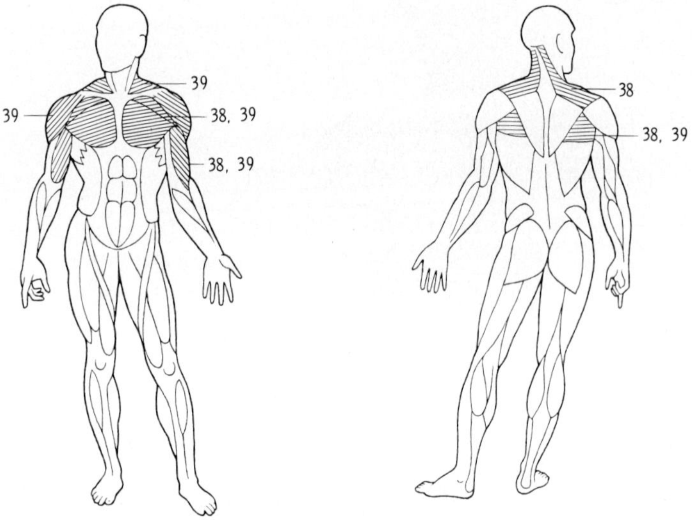

Abb. 38a Oberarm etwa um 10–20 Grad vom Oberkörper abwinkeln. Der Unterarm bildet gegen den Oberarm einen Winkel von etwa 90 Grad. Die Hände werden mit den Handflächen gegeneinandergelegt und dann so fest wie möglich gegeneinandergepreßt

Abb. 38b Arm etwa bis zur Horizontalen anheben. Der Unterarm bildet gegen den Oberarm einen rechten Winkel. Handflächen gegeneinanderlegen und zusammendrücken

Abb. 38c Arme etwa bis zur Horizontalen anheben und weitgehend im Ellenbogengelenk strecken (Winkel des Oberarmes gegen den Unterarm etwa 160–170 Grad). Handflächen wieder ineinanderlegen und Hände gegeneinanderpressen.
Diese Abbildung läßt wieder sehr gut die Muskeln erkennen, die mit dieser Übung angesprochen werden

Trainierte Muskelgruppe: Unterarmbeuger

Mit den beiden im folgenden dargestellten Übungen wird im wesentlichen die gleiche Muskelgruppe trainiert, d. h., das Training kann auf verschiedene Weise erfolgen.

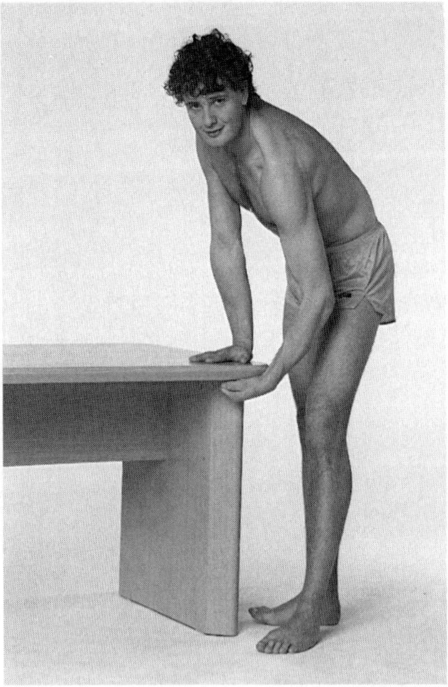

Abb. 39a In etwas gebückter Körperhaltung wird die linke Hand unter die Tischplatte gelegt, während man mit dem rechten Arm das Gewicht des Körpers auf der Tischplatte abstützt. Man versucht nun, durch Anspannung der Beugemuskulatur des linken Unterarmes, gegen den Widerstand des den Tisch nach unten drückenden rechten Armes, den Tisch anzuheben

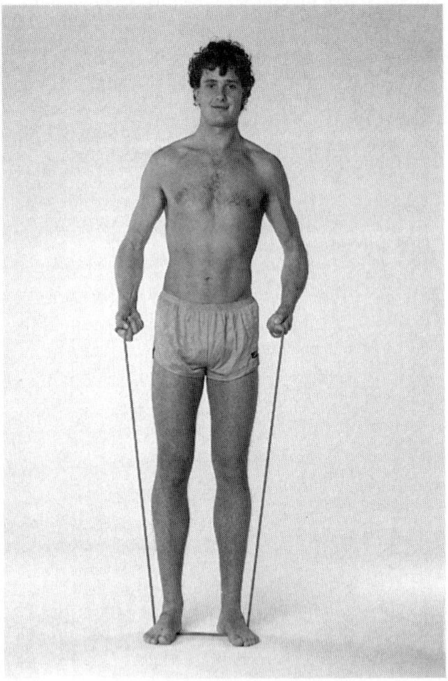

Abb. 39b Man nimmt ein Stück normales Wäscheseil und stellt sich mit beiden Füßen darauf. Die Enden des Seiles werden jeweils um die Hand gewickelt, so daß der Oberarm gegen den Unterarm etwa einen Winkel von etwa 100–130° bildet. Dann wird eine maximale isometrische Anspannung der Beugemuskulatur durchgeführt

Trainierte Muskelgruppe: Unterarmstrecker – Armheber

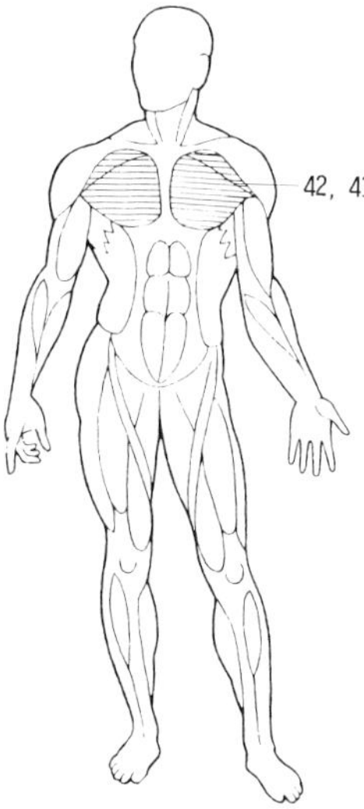

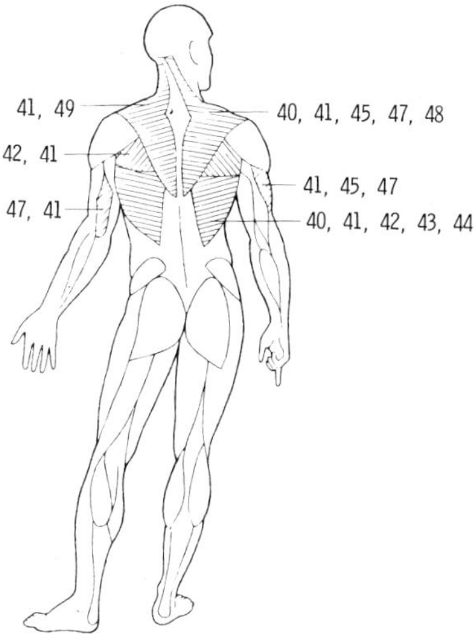

Abb. 40 In einen Türrahmen stellen, die Unterarme sowie die Handflächen an den Türrahmen legen und versuchen, durch Streckung des Unterarmes den Türrahmen auseinanderzudrücken

Abb. 41 Etwas schräg in einen Türrahmen stellen. Den Arm etwas über die Horizontale erheben, den um 90 Grad gegen den Oberarm stehenden Unterarm flach gegen die Türfüllung legen und eine Streckbewegung des Unterarmes nach vorn oben durchführen. Diese Übung eignet sich als Ausgleich für alle, die täglich im Beruf eine Zwangshaltung des Oberkörpers und der Arme – Stenotypistinnen, Goldschmied usw. – ausführen müssen, durch die es zu Beschwerden im Bereich des Schultergürtels kommt

Trainierte Muskelgruppe: Armanspreizer

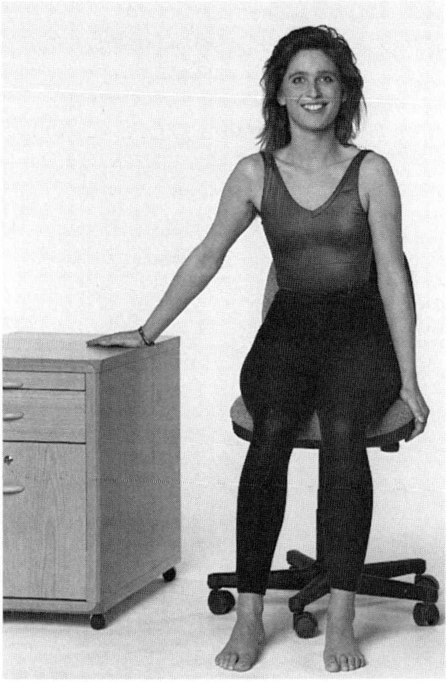

Abb. 42a Auf einem Stuhl sitzend, wird die Hand auf einen niedrigen Tisch oder Schränkchen aufgelegt und der Arm maximal gegen den Widerstand des Tisches nach unten gedrückt. Der Oberkörper bleibt bei dieser Übung gerade

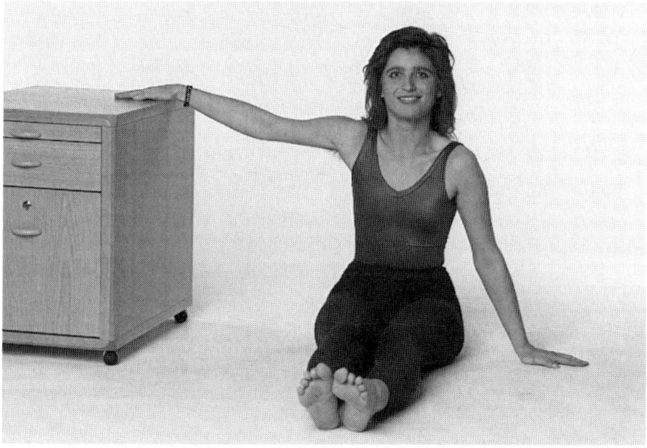

Abb. 42b Man setzt sich neben ein Schränkchen oder niedrigen Tisch auf die Erde, legt die Hand auf den Tisch und drückt den gestreckten Arm gegen den Widerstand des Tisches nach unten

Abb. 43 Im Stehen werden die Handinnenflächen gegen die Oberschenkel gelegt und so fest wie möglich dagegengepreßt.
Etwa die gleichen Muskelgruppen kann man auch auf die Weise trainieren, wie es in der nächsten Abbildung dargestellt wird

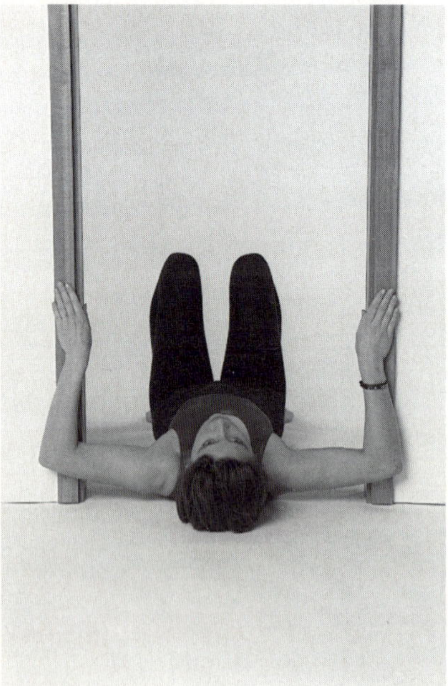

Abb. 44 Man legt sich in eine Tür, legt die beiden, im rechten Winkel gegen den Oberarm angewinkelten, Unterarme gegen den Türrahmen und versucht jetzt, durch Druck der Arme (im Schultergelenk) gegen den Türrahmen, den Körper in Richtung Kopf zu schieben

Trainierte Muskelgruppe: Unterarmstrecker, Armheber

Abb. 45 Mit etwas gespreizten Beinen in eine Tür stellen. Arme erheben und Handflächen gegen den oberen Teil des Türrahmens pressen

Trainierte Muskelgruppe: Armabspreizer

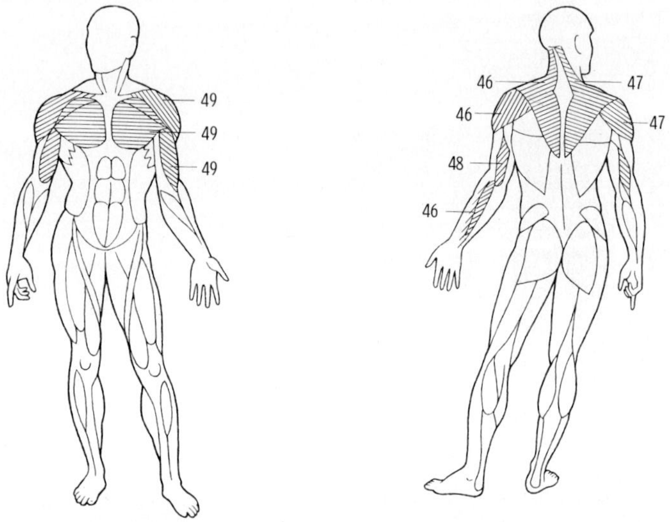

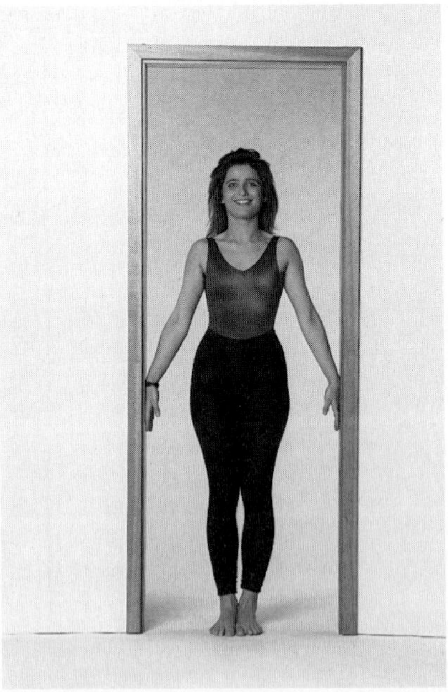

Abb. 46a In eine Tür stellen und beide Hände mit den Handrücken gegen den Türrahmen legen. Ellenbogen- und Handgelenke bleiben bei dieser Übung fixiert, d. h. die Arme bleiben gestreckt. Aus dem Schultergelenk heraus werden die Arme gegen den Türrahmen gepreßt

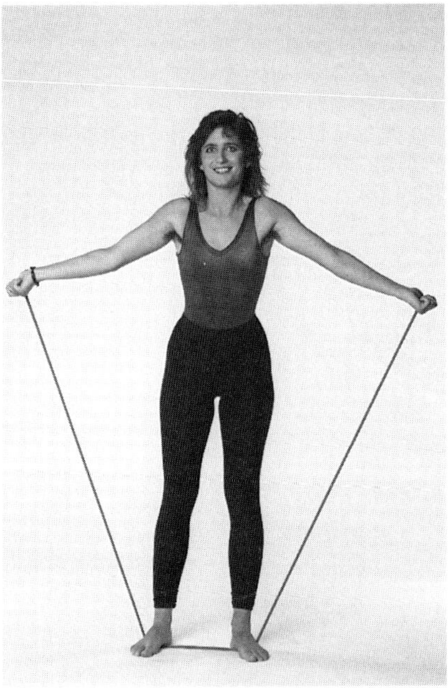

Abb. 46b Auf einem Seil stehend, wird der Körper etwas nach vorn gebeugt. Die Enden des Seiles werden um die Handgelenke geschlungen und die Arme seitlich erhoben. Die Arme werden jetzt gegen den Widerstand des Seils nach oben gezogen

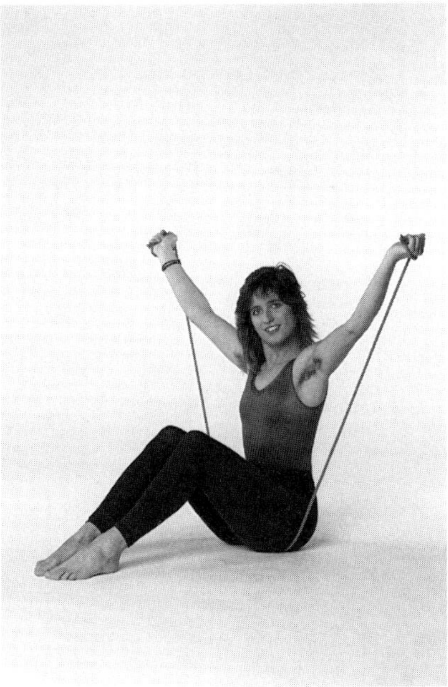

Abb. 46c Auf das Seil setzen. Arme seitlich etwas über die Horizontale erheben und Seilenden um die Hand schlingen. Arme gegen den Widerstand des Seiles nach oben ziehen

Abb. 47 Die Arme werden bei vornübergeneigtem Oberkörper gestreckt nach hinten genommen. Der Widerstand wird durch das Seil gegeben, auf dem man steht und dessen Enden um die Hand geschlungen werden. Arme nach hinten oben ziehen

Abb. 48 Auf dem Rücken liegend, Arme im Ellenbogengelenk angewinkelt, etwa in Schulterhöhe Oberarme auf den Boden legen und so fest wie möglich gegen den Fußboden pressen

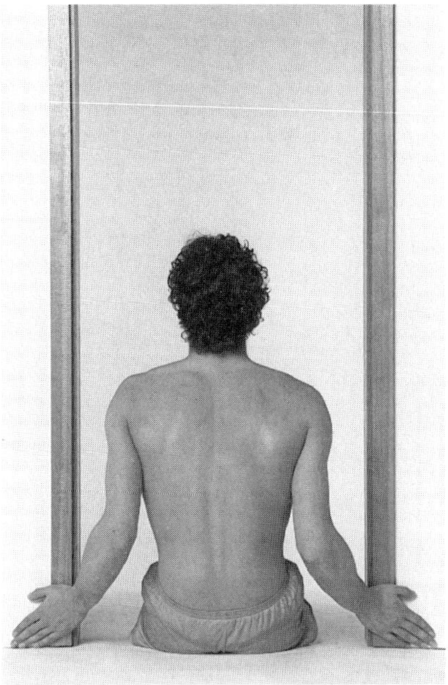

49a

Abb. 49 In eine Tür setzen und nacheinander die Hände annähernd in Höhe des Fußbodens (Abb. 49a), in Schulterhöhe (Abb. 49b) und schließlich über Schulterhöhe (Abb. 49c) erheben. Die Hände in jeder Körperposition mit maximaler Kraft gegen den Türrahmen pressen und die Muskeln jeweils, wie auch bei allen anderen Übungen, etwa 2 bis 3 sec. angespannt lassen

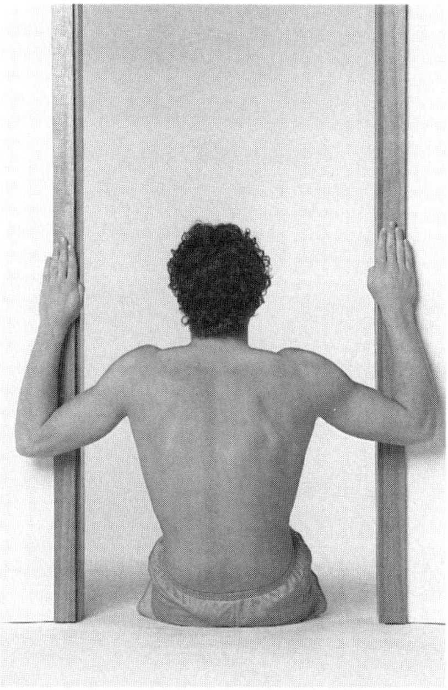

49b

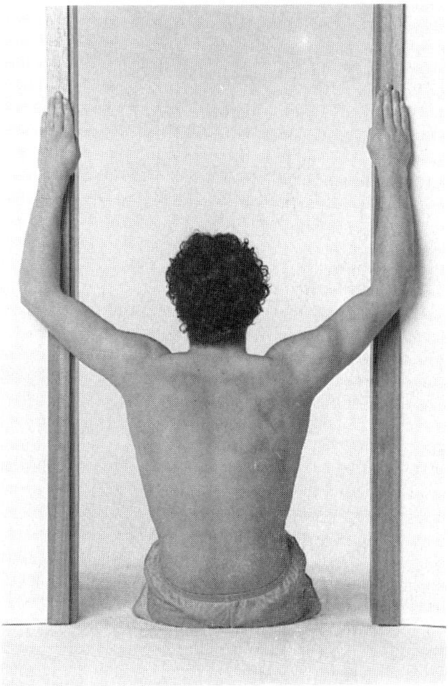

49c

Training der Beinmuskulatur

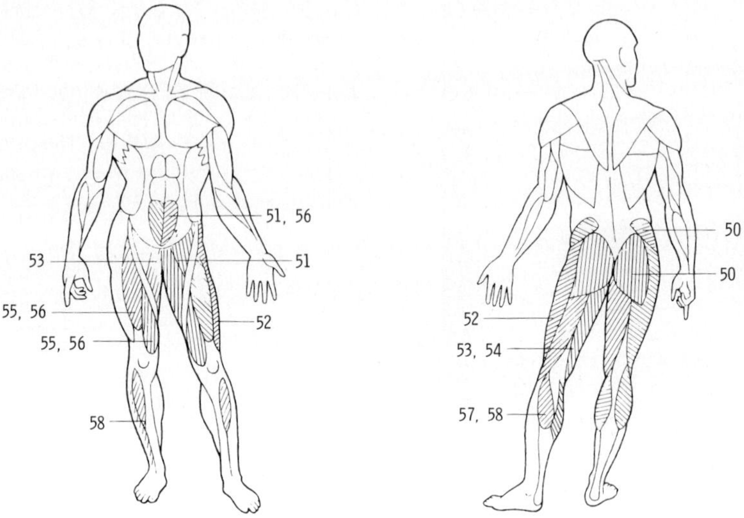

Trainierte Muskelgruppe: Oberschenkelstrecker

Abb. 50 Auf dem Rücken liegend, werden die Beine etwas angehoben und mit den Fersen z. B. auf den Sitz eines Stuhles aufgelegt. Ohne sich im Gesäß anzuheben, werden die gestreckten Beine mit maximaler Kraft gegen den Widerstand des Stuhlsitzes nach unten gepreßt

Trainierte Muskelgruppe: Oberschenkelbeuger

Abb. 51 Auf dem Bauch liegend, werden die Beine mit den Fußrücken auf die Kante des Stuhlsitzes aufgelegt. Die Arme nimmt man etwas nach vorne und stützt sich auf dem Fußboden ab. Mit in den Knien gestreckten Beinen diese nach unten drücken

Trainierte Muskelgruppe: Beinabspreizer

Abb. 52a Auf die Seite legen. Das obere, in diesem Fall rechte Bein wird zurückgenommen und hinter dem Körper im Kniegelenk leicht angewinkelt. Das linke Bein wird angespreizt, also angehoben, und mit dem äußeren Fußrand auf den Rand des Stuhlsitzes gelegt. Das linke Bein wird dann mit maximaler Kraft gegen den Widerstand des Stuhlsitzes nach unten gedrückt

Abb. 52b Man stellt sich in eine Tür und preßt das gestreckte Bein mit dem äußeren Fußrand gegen den Türrahmen. Es ist dabei notwendig, sich mit dem Arm der Körpergegenseite an dem gegenüberliegenden Teil des Türrahmens abzustützen

Trainierte Muskelgruppe: Beinanspreizer

Abb. 53a Auf der Seite liegend, das auf dem Boden aufliegende – in diesem Fall das linke – Bein etwas nach hinten nehmen und hinter dem Körper im Kniegelenk leicht anwinkeln. Das rechte Bein wird angehoben und mit dem Fußinnenrand auf die Stuhlsitzkante gelegt. Danach wird das gestreckte rechte Bein gegen den Widerstand des Stuhlsitzes nach unten gedrückt

Abb. 53b Man setzt sich im Schneidersitz auf den Fußboden bzw. auf eine Couch und preßt die Unterarme in Höhe des Kniegelenkes, wie in der Abbildung gezeigt, nach unten. Gegen den Widerstand der Arme versucht man, die Oberschenkel zusammenzupressen

Abb. 53c Auf den Fußboden setzen. Der etwas nach hinten geneigte Oberkörper wird durch die hinter dem Körper auf dem Fußboden aufliegenden Hände abgestützt. Die Beine werden etwas angehoben und abgespreizt, um den vor dem Körper stehenden Stuhl als Widerlager benutzen zu können. Die Füße liegen mit dem Innenrand (nicht mit dem Knöchel) an den Stuhlbeinen in Stuhlsitzhöhe an. Man versucht jetzt, den Stuhl mit maximaler Kraft zusammenzupressen

Trainierte Muskelgruppe: Unterschenkelbeuger

Abb. 54a Auf dem Rücken liegend, werden die Beine angehoben und die Unterschenkel – im rechten Winkel gegen den Oberschenkel gebeugt – auf die Sitzfläche eines Stuhles aufgelegt. Mit maximaler Kraft versucht man, beide Unterschenkel nach unten gegen den Stuhlsitz zu drücken

Abb. 54b In eine Tür stellen und die Ferse des einen (hier linken) Beines gegen den Türrahmen legen. Die Fußspitze soll den Fußboden nicht berühren. Den Oberkörper etwas nach vorne fallen lassen und sich mit den Armen am gegenüberliegenden Teil des Türrahmens abstützen. Indem man die Ferse fest gegen den Türrahmen preßt, versucht man, gleichzeitig den Unterschenkel zu beugen

Trainierte Muskelgruppe: Unterschenkelstrecker

Abb. 55a Auf einem Bein stehend, das andere Bein stark anwinkeln und mit der Hand den Unterschenkel in Höhe des Mittelfußes umfassen. Den Unterschenkel gegen den Widerstand der festhaltenden Hand nach unten drücken, also versuchen, den Unterschenkel zu strecken

Abb. 55b Mit stark gespreizten Beinen sitzend versuchen, den Unterschenkel so weit wie möglich zu beugen, also an den Körper heranzubringen. Die linke Hand umfaßt den Unterschenkel in Höhe des Fußgelenkes, während man sich mit der rechten Hand etwas abstützt. Gegen den Widerstand der den linken Unterschenkel festhaltenden Hand soll der Unterschenkel mit maximaler Kraft gestreckt werden

Abb. 55c Auf dem Rücken liegend, hebt man die Oberschenkel an, bis die Oberschenkel gegen den Rumpf etwa einen rechten Winkel ergeben. Die Unterschenkel werden gebeugt, um das untere Drittel der Unterschenkel wird ein Handtuch gelegt, dessen Enden mit den Händen festgehalten werden. Man versucht nun, gegen den Widerstand des Handtuches beide Unterschenkel zu strecken

Abb. 55d Der entsprechende Effekt läßt sich erzielen, wenn man – auf dem Bauch liegend – beide Unterschenkel im Kniegelenk beugt und entsprechend der Abbildung die Unterschenkel überkreuzt. In dieser Haltung versucht man, den rechten Unterschenkel zu strecken, d. h. nach unten zu drücken, den linken Unterschenkel nach oben zu drücken, also zu beugen. Mit dieser Übung trainiert man gleichzeitig die Unterschenkelstreckmuskulatur rechts und die Unterschenkelbeugemuskulatur links

Trainierte Muskelgruppe: Oberschenkelstrecker und Unterschenkelstrecker

Abb. 56 Auf einem Bein stehend, wird um den Fuß des anderen Beines ein Handtuch gelegt, welches an den Enden mit beiden Händen festgehalten wird. Man versucht dann, das Bein gegen den Widerstand des Handtuches mit maximaler Kraft zu strecken

Trainierte Muskelgruppe: Fußstrecker

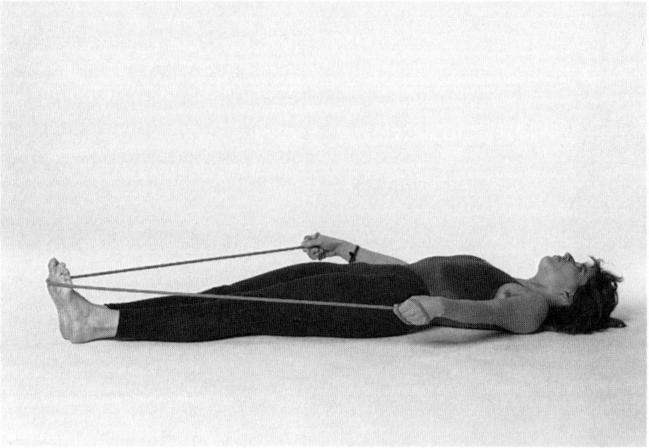

Abb. 57 Man legt sich auf den Rücken und legt in Höhe der Zehengrundgelenke ein Stück Wäscheseil, dessen Enden um die Hände geschlungen sind, um beide Füße und versucht, bei im Knie gestreckten Bein die Füße gegen den Widerstand des Seiles nach unten zu drücken.
Das Aufrichten in den Zehenstand z. B., bei dem praktisch die gleichen Muskeln in Aktion treten, ist als Trainingsreiz über längere Zeit nicht ausreichend. Der Widerstand – Gewicht des Körpers – wird mit zunehmender Kraft des Muskels relativ geringer, so daß die notwendige Muskelanspannung als Trainingsreiz schließlich unterschwellig wird

Trainierte Muskelgruppe: Fußbeuger

Abb. 58 Auf einen Stuhl setzen, Oberkörper etwas rückwärts neigen und mit den Händen an den Sitzflächen des Stuhles festhalten. Beide Beine vom Fußboden abheben. Füße etwas übereinanderschlagen, so daß – in diesem Beispiel – die linke Fußsohle auf dem rechten Fußrücken liegt, und zwar etwa im letzten Drittel des rechten Fußes. Das linke Bein bleibt gestreckt. Den rechten Fuß dann gegen den Widerstand des linken auf dem Fußrücken aufliegenden Fußes so fest es geht nach oben drücken, also beugen

Training der Muskulatur des Stammes

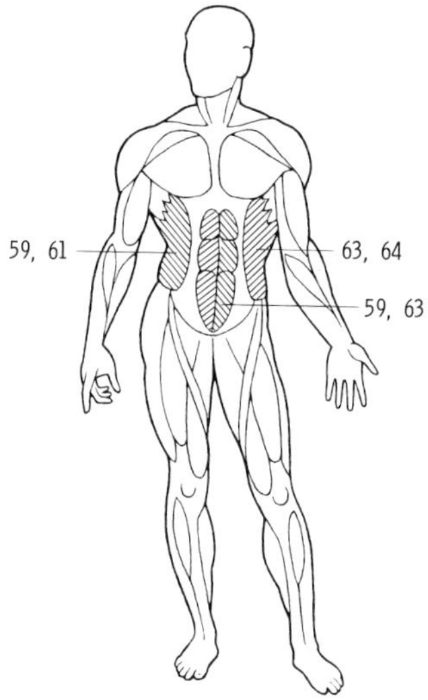

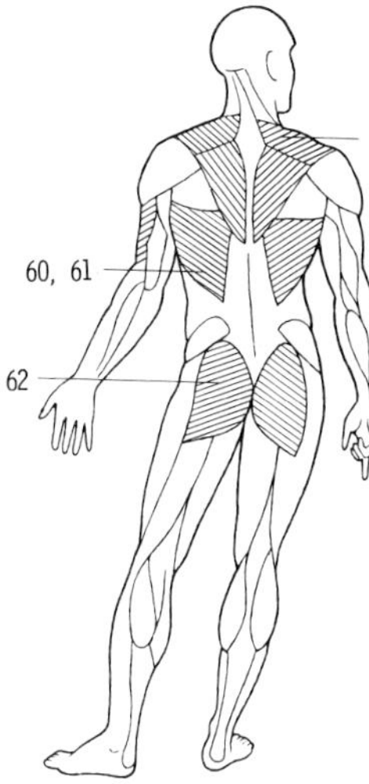

Trainierte Muskelgruppe: Rumpfbeuger

Abb. 59a Oberkörper um etwa 90 Grad beugen. Die nach vorne gestreckten Hände werden auf eine Stuhllehne aufgelegt und bei gestreckten Armen ein maximaler Druck auf die Stuhllehne ausgeübt

Abb. 59b Vor einem Stuhl knien, so daß bei nach vorn gebeugtem Rumpf die Schultern auf der Sitzfläche liegen. Mit den Schultern wird dann – ohne wesentliche Beteiligung der Arme – der Oberkörper gegen die Sitzfläche des Stuhles gepreßt

Abb. 59c Auf dem Bauch liegend, Unterschenkel beugen, die Arme nach hinten nehmen, so daß die Hände beide Füße in Höhe der Fußgelenke umfassen. Dann versucht man, den Oberkörper nach vorne zu drücken und gleichzeitig die Unterschenkel zu strecken. Neben der Rumpfbeugemuskulatur trainiert man mit dieser Übung gleichzeitig noch die Fingerbeuge- sowie die Unterschenkelstreckmuskulatur

Trainierte Muskelgruppe: Rumpfstrecker

Abb. 60a Man setzt sich auf den Fußboden, zieht die Oberschenkel so weit wie möglich an den Oberkörper und verschränkt die Arme vor den Unterschenkeln. Danach den Oberkörper gegen den Widerstand der vor den Unterschenkeln verschränkten Hände zu strecken versuchen

Abb. 60b Auf das Wäscheseil stellen. Der Oberkörper wird gebeugt, um das Seil etwa in Knöchelhöhe umfassen zu können. In dieser Körperstellung mit maximaler Kraft versuchen, den Oberkörper aufzurichten

Abb. 60c Der Oberkörper wird gegenüber der Senkrechten um 30–40 Grad gebeugt, so daß die Hände etwa in Kniegelenkshöhe das Seil festhalten. Gegen den Widerstand des mit den Händen fixierten Wäscheseiles versuchen, den Oberkörper aufzurichten

Trainierte Muskelgruppe: Rumpfdreher

Abb. 61a Vor einem Stuhl kniend, wird eine Schulter auf die Sitzfläche des Stuhles aufgelegt und der Oberkörper nach der Gegenseite – Richtung Fußboden – gedreht, um mit der Hand des angewinkelten rechten Armes das untere Stuhlbeinende zu umfassen. Der Arm muß in dieser Stellung belassen werden. Dann wird mit maximaler Kraft die auf dem Stuhl aufliegende Schulterpartie gegen die Sitzfläche gepreßt

Abb. 61b Auf dem Seil stehend wird der Oberkörper so weit gebeugt und verdreht, daß auf der einen Seite das Seil kurz über dem Fußrücken, auf der anderen Seite das Seil etwa in Höhe des Kniegelenkes mit den Händen umfaßt werden kann. Man versucht jetzt, gegen den Widerstand des fixierten Seiles, eine Drehung des Körpers zur Waagerechten, d. h. man versucht, das kurzgefaßte Seilende nach oben zu ziehen

Abb. 61c In die Mitte einer Tür stellen. Es wird eine Körperdrehung ausgeführt, so, daß die linke Hand etwa in Hüfthöhe, die rechte Hand über Kopfhöhe den Türpfosten umfaßt. Durch den Andruck der Hände gegen den Türrahmen wird diese Körperstellung praktisch fixiert. Diese Körperstellung muß beibehalten werden. Aus dieser Stellung heraus wird versucht, den Körper – in diesem Beispiel – nach rechts zu drehen. Würde diese Bewegung vollständig ausgeführt, würde die Dame auf dem Bild abschließend mit dem Rücken zum Leser stehen

Trainierte Muskelgruppe: Muskeln der unteren Bauchpartie

Abb. 62a Man stellt sich etwas schräg vor einen Türrahmen. Der rechte Unterarm wird etwa in Schulterhöhe gegen den Türrahmen gelegt, während die linke Hand etwa in Höhe des Beckenkammes aufliegt. Die Beine bleiben gerade. – Trainingsausführung Abb. 62b

Abb. 62b Bei starker Anspannung der Bauch- und Gesäßmuskeln wird der Unterkörper verstärkt durch den Druck der Hand nach rechts vorn geschoben

Trainierte Muskelgruppe: Bauchmuskulatur

Abb. 63 Bauch etwas einziehen. Hände vor dem Bauch verschränken und Arme fest nach hinten ziehen. Herausstrecken des Bauches gegen den Widerstand der Hände

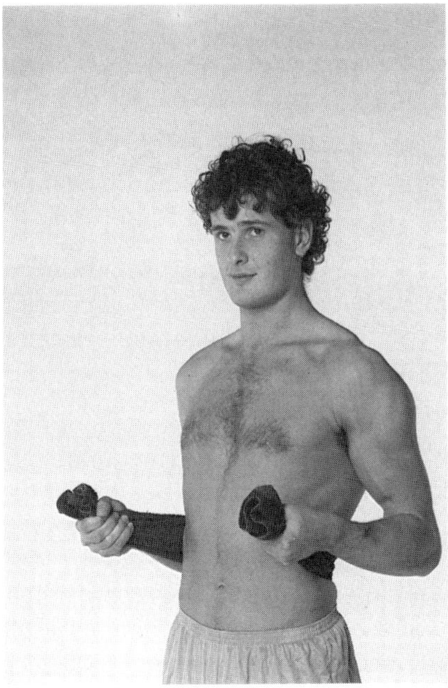

Abb. 64 Ein Handtuch unterhalb der Rippen – etwa Nierenhöhe – um den Rücken legen und die beiden Enden vor dem Körper mit den Händen fixieren. Arme nach vorne ziehen und gegen den Widerstand des Handtuches die Bauchmuskulatur anspannen

In den vorausgegangenen Abbildungen wurde eine Reihe von Beispielen demonstriert, die die Möglichkeit eines isometrischen Krafttrainings zeigen sollten. Bei einigen der aufgezeigten Übungen wurde die Übung nur für einen Arm oder für ein Bein gezeigt. Diese Übungen müssen selbstverständlich dann spiegelbildlich auch für die Gegenseite durchgeführt werden. Weiterhin wurden z. B. zum Training der Unterarmbeugemuskulatur (Abb. 39a, 39b) verschiedene Übungen dargestellt, die einerseits die gleiche Muskelgruppe, andererseits aber auch die gleichen Muskelanteile ansprechen. Damit sollte lediglich gezeigt werden, daß es möglich ist, auf verschiedene Art und Weise zu trainieren. In diesen Fällen kann nach Belieben die eine oder andere Übung ausgesucht werden. Schließlich wurden auch für die gleiche Muskelgruppe verschiedene Übungen angegeben, z. B. 49a, b und c, die aber jeweils verschiedene Anteile der gleichen Muskelgruppe ansprechen.

Nun sollen noch einige Grundregeln, die bei einem isometrischen Muskeltraining beachtet werden müssen, zusammenfassend wiedergegeben werden:

Die einzelnen Muskelgruppen müssen gegen einen Widerstand maximal angespannt und diese Anspannung etwa für 2–3 Sek., besser noch – um sicher zu sein – 3–5 Sek. aufrechterhalten werden.

Die Muskulatur darf nie ruckartig angespannt werden. Bei der Anspannung die Kraft jedoch zügig steigern.

Bei der Muskelanspannung darf keine Bewegung ausgeführt werden. Der Widerstand muß daher so groß sein, daß eine Bewegung verhindert wird.

Während der einzelnen Übungen keine Preßatmung durchführen. Den notwendigen Trainingsreiz für die einzelnen Muskelgruppen erhält man auch, wenn man während der Übungen ganz normal atmet.

Nach jeder Übung eine kurze Pause von einigen Sekunden einlegen. Die einzelne Übung bringt – infolge der Kürze (maximal 3–5 Sek.) der Anspannungszeit – kaum eine Belastung des Kreislaufes. Werden mehrere Übungen hintereinander ohne Pause durchgeführt, erfolgt naturgemäß eine stärkere Beeinflussung des Kreislaufes. Herzkranke müssen daher längere Pausen zwischen die einzelnen Übungen legen und möglichst keine Übungen ausführen, bei denen gleichzeitig größere Muskelmassen aktiviert werden, z. B. Übung der Abb. 45 oder 59c.

Man sollte nicht mehr als etwa 15 Übungen während einer Übungsperiode durchführen. Das ist einschließlich der Pausen ein Zeitaufwand von etwa 2 Minuten.

In der zur Verfügung stehenden Zeit für ein tägliches Muskelkrafttraining – es ist dabei, wie bereits mehrfach betont, nicht an den Leistungssportler gedacht – sollte man sich ein Programm aufstellen, das sich in einem bestimmten Rhythmus wiederholt. Natürlich kann sich jeder eine Reihe von Übungen für ein tägliches Training beliebig zusammenstellen. So wird man z. B. das Training der Muskelgruppen, die man besonders trainieren will, täglich, das anderer Muskelgruppen vielleicht lediglich 2–3mal pro Woche durchführen.

Außer der durch das isometrische Training bewirkten Kraftzunahme des Muskels werden durch derartige Muskelanspannungen – infolge des wachheitsfördernden Effektes der Tiefensensibilität bei der Dehnung der sog. Muskelspindeln – auf dem Nervenwege auch zentrale Reize im Gehirn gesetzt, die im Sinne eines Weckreizes wirken. Das »Strecken« nach dem Aufwachen, in extremer Form bei Hund und Katze zu beobachten, weist sehr deutlich auf diesen Zusammenhang hin. Aber auch der Mensch »streckt sich«, um wach zu werden oder zu bleiben. So kann man das isometrische Muskeltraining, vor allem der Strecker, auch unter dem Gesichtspunkt »Wachwerden durch Muskeltraining« durchführen. Da derartige Muskelkontraktionen – Trainingsreize – völlig unauffällig durchführbar sind, lassen sich diese auch ohne weiteres im Büro, auf Tagungen und Sitzungen anwenden. Der Muskel erhält einen Trainingsreiz, das Gehirn einen Weckreiz.

Schließlich können zahlreiche der Trainingsbeispiele für unterschiedlichste Muskelgruppen auch auf engstem Raum ausgeführt werden. D. h., daß sich ein derartiges Training bei begrenzter Bewegungsmöglichkeit z. B. in einem Flugzeug etc. geradezu anbietet.

Die folgenden Übungen wurden unter 3 Gesichtspunkten zusammengestellt:

1. Kraftzunahme der Muskulatur,
2. Behebung von Muskelverspannungen (die häufig betroffenen Muskelgruppen wurden angesprochen),
3. Wachwerden durch Muskelanspannungen.

Wachwerden durch Krafttraining

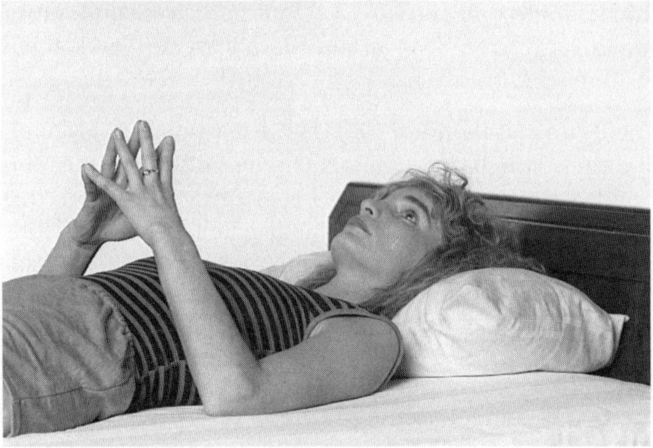

Abb. 65 Im Bett liegend, die Finger beider Hände im Bereich der Endgliedinnenfläche gegeneinanderlegen und die Finger so fest wie möglich gegeneinanderpressen (vgl. Abb. 35)

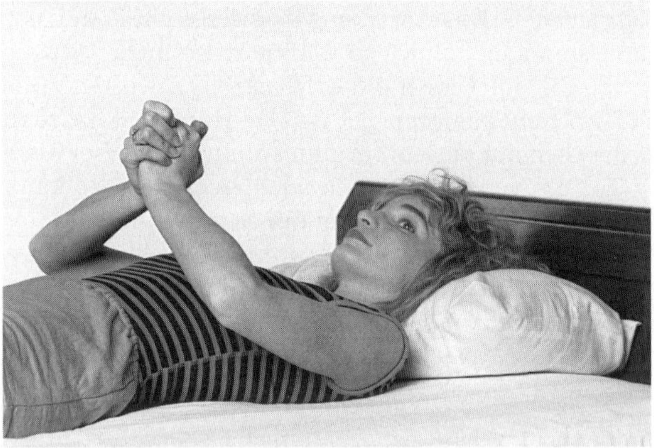

Abb. 66 Handinnenflächen gegeneinanderlegen und so fest wie möglich gegeneinanderdrücken (vgl. Abb. 38a)

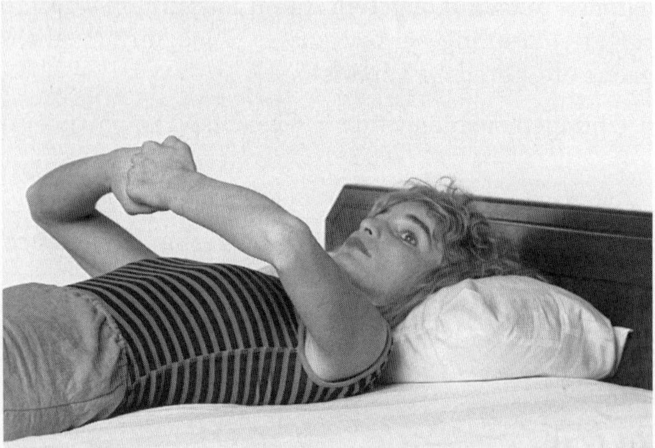

Abb. 67 Finger der rechten und linken Hand ineinander verhaken und versuchen, mit maximaler Kraft die Finger auseinanderzuziehen (vgl. Abb. 36)

Abb. 68 Kopf anheben, die Hände hinter dem Kopf verschränken. Die Arme werden nach vorn gezogen, der Kopf mit maximaler Kraft nach hinten gedrückt (vgl. Abb. 34)

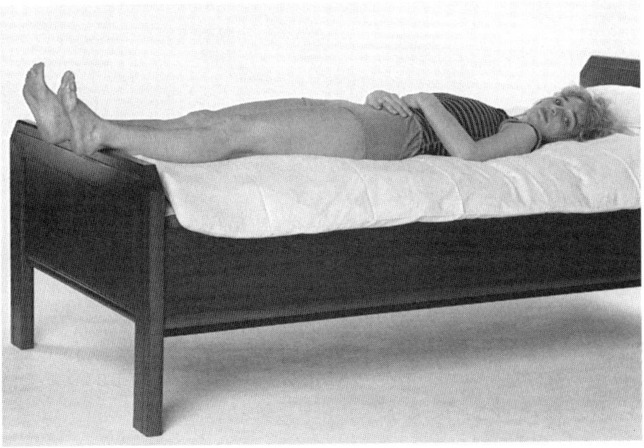

Abb. 69 Im Bett liegend, die Fersen auf das Fußteil des Bettrahmens legen und gegen das Fußteil nach unten drücken (vgl. Abb. 50)

Abb. 70 Im Bett sitzend, Oberkörper mit den Händen abstützen. Den Fußballen eines Fußes entsprechend der Abb. auf den Fußrücken des anderen Fußes legen. Den linken Fuß gegen den Widerstand des mit dem Ballen aufliegenden, nach unten drückenden rechten Fußes mit maximaler Kraft nach oben drücken (vgl. Abb. 58)

Abb. 71 Bei angezogenen Oberschenkeln die Arme vor den Unterschenkeln verschränken, und dann den Oberkörper gegen den Widerstand der vor den Unterschenkeln verschränkten Hände strecken (vgl. Abb. 55c)

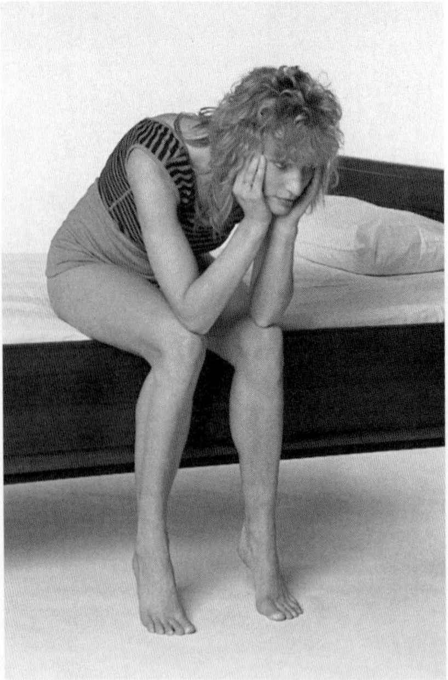

Abb. 72 Am Bettrand sitzend, Ellenbogen auf den Oberschenkeln aufstützen, Kopf in die Handflächen legen, mit maximaler Kraft den Kopf nach unten drücken (vgl. Abb. 31)

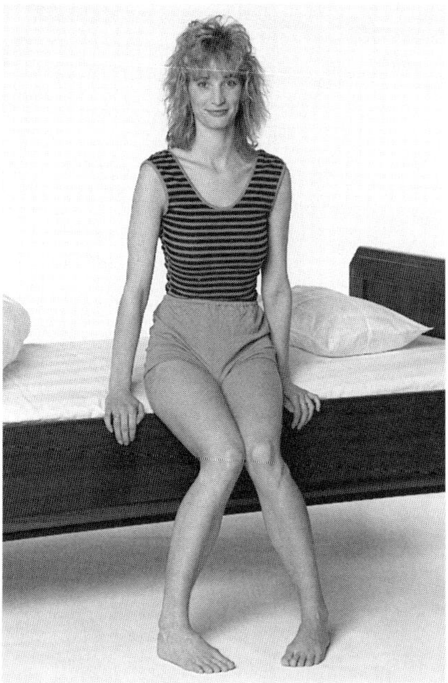

Abb. 73 Auf dem Bettrand sitzend, Oberschenkel gegeneinanderlegen, Unterschenkel in X-Stellung mit den Füßen auf dem Boden. In dieser Position die Oberschenkel gegeneinanderpressen (vgl. Abb. 53b)

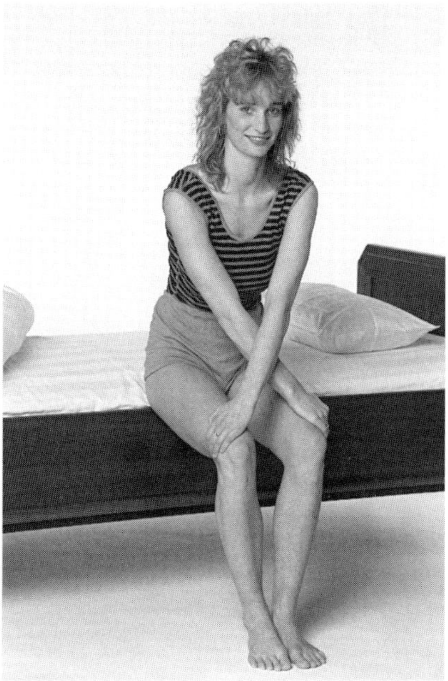

Abb. 74 Auf dem Bettrand sitzend; die linke Hand umfaßt das rechte, die rechte Hand das linke Kniegelenk. Die Oberschenkel mit maximaler Kraft gegen den Widerstand der nach innen ziehenden Hände nach außen drücken (vgl. Abb. 52a)

Krafttraining im Badezimmer

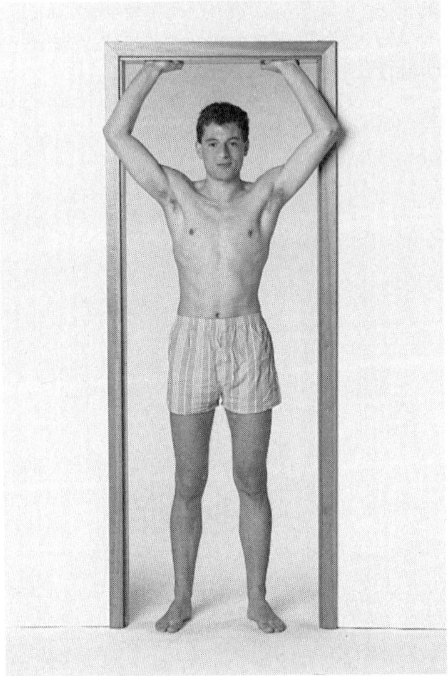

Abb. 75 Auf dem Weg zum Badezimmer im Türrahmen stehen bleiben, Arme anheben und die Handflächen gegen den oberen Teil des Türrahmens pressen (vgl. Abb. 45)

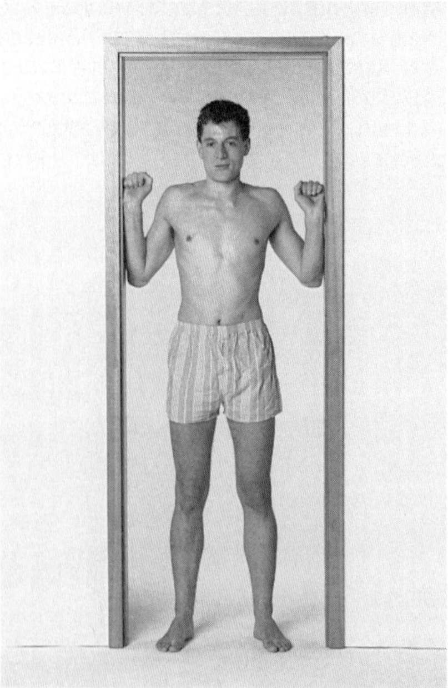

Abb. 76 Noch im Türrahmen stehend, Arme etwas nach unten nehmen, so daß die Unterarme an den seitlichen Teilen des Türrahmens aufliegen, versuchen, mit maximaler Kraft die Unterarme gegen den Widerstand des Türrahmens zu strecken (vgl. Abb. 40)

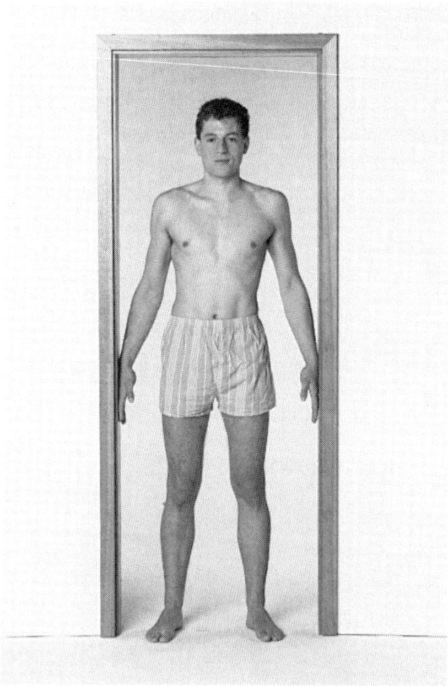

Abb. 77 Im Türrahmen stehend, Handaußenflächen gegen die Seitenteile des Türrahmens legen und maximalen Druck gegen den Türrahmen ausüben (vgl. Abb. 46a)

Abb. 78 Quer in den Türrahmen stellen und die Ferse des einen Beines gegen den Türrahmen legen. Den Oberkörper etwas nach vorne fallen lassen und sich mit den Armen am gegenüberliegenden Teil des Türrahmens abstützen. Die Ferse gegen den Türrahmen pressen (vgl. Abb. 54b)

Abb. 79 Den Arm seitlich über Schulterhöhe anheben, im Ellenbogen anwinkeln und die Handfläche seitlich an den Kopf legen. Den Kopf gegen den Widerstand der Hand mit maximaler Kraft zur Seite drücken (vgl. Abb. 33)

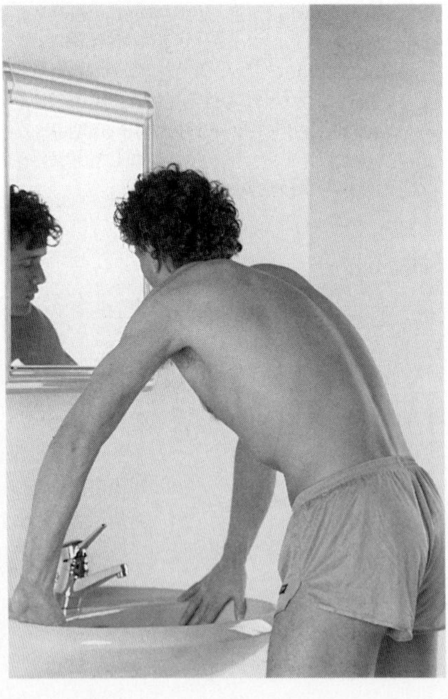

Abb. 80 In gebeugter Körperstellung die Hände gegen den Innenrahmen des Waschbeckens legen und mit maximaler Kraft versuchen, das Waschbecken auseinanderzuziehen – nicht nach unten drücken – (vgl. Abb. 36)

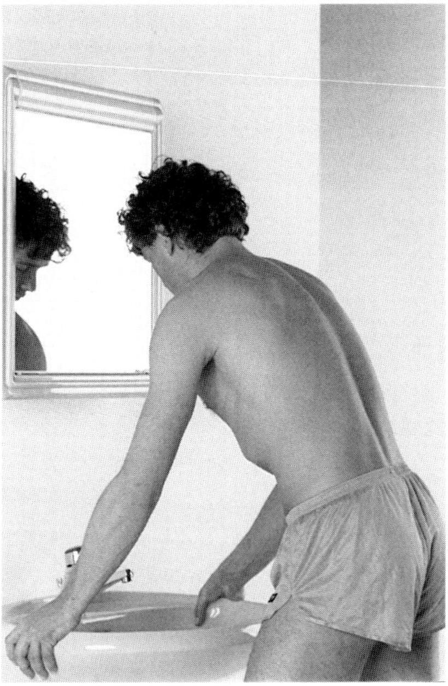

Abb. 81 Das Waschbecken von außen mit beiden Händen umfassen und dann versuchen, das Becken zusammenzudrücken (vgl. Abb. 38c)

Abb. 82 Auf einem Bein stehend, um den Fuß des anderen Beines ein Handtuch legen und dieses an den Enden mit den Händen festhalten. Das Bein gegen den Widerstand des Handtuches mit maximaler Kraft strecken (vgl. Abb. 56)

Kampf gegen die Ermüdung durch Krafttraining im Büro,

Abb. 83 Die Sessellehnen mit den Händen umfassen und die Hände so fest wie möglich zusammendrücken (vgl. Abb. 35)

Abb. 84 Unterarm auf die Lehnen des Sessels auflegen. Unterarm so fest wie möglich gegen die Sessellehnen drücken (Versuch der Unterarmstreckung) (vgl. Abb. 40)

auf Tagungen und Sitzungen . . .

Abb. 85 Beine übereinanderschlagen. Den Fußrücken des übergeschlagenen Beines gegen den Unterteil des Aktenfaches legen und versuchen, durch Streckung des Unterschenkels den Schreibtisch anzuheben (vgl. Abb. 51)

Abb. 86 Beine übereinanderschlagen und die Hände vor den Knien verschränken. Mit maximaler Kraft den Oberschenkel gegen den Widerstand der nach hinten ziehenden Hände nach vorne drücken (vgl. Abb. 56)

Abb. 87 Beide Hände in Faustschluß gegen die Schreibtischunterkante legen und den Schreibtisch versuchen anzuheben (Unterarmbeugung) (vgl. Abb. 39a)

Abb. 88 In einem Sessel sitzend, den Bauch etwas einziehen und die Hände vor dem Bauch verschränken. Die Arme werden fest nach hinten gezogen, der Bauch gegen den Widerstand der Hände herausgestreckt (vgl. Abb. 63)

. . . und im Vorzimmer . . .

Hals- und Schultergürtelmuskulatur

Abb. 89 Ellenbogen auf dem Tisch und Kopf auf den Händen abstützen. Dann Kopf gegen den Widerstand der Hände nach unten drücken (vgl. Abb. 31)

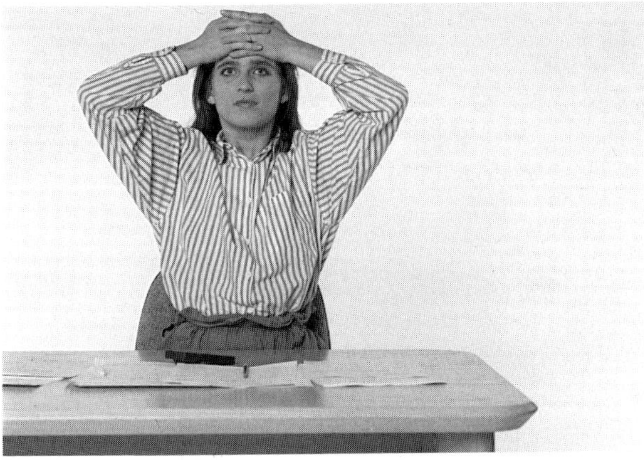

Abb. 90 Hände vor dem Kopf verschränken. Kopf gegen den Widerstand, der nach hinten ziehenden Hände, nach vorne drücken (vgl. Abb. 32)

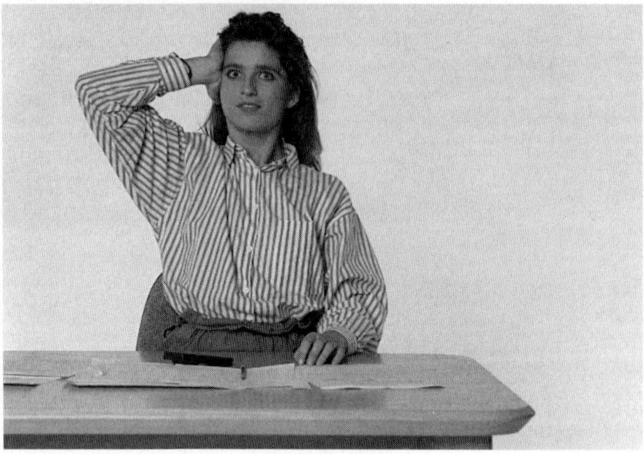

Abb. 91 Arm über die Horizontale erheben, im Ellenbogengelenk anwinkeln und Handfläche seitlich gegen den Kopf legen. Kopf gegen den Widerstand des gegen den Kopf drückenden Armes mit maximaler Kraft zur Seite neigen (vgl. Abb. 33)

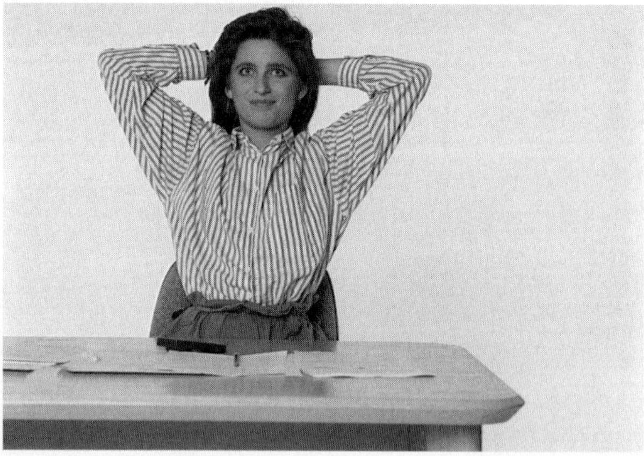

Abb. 92 Hände hinter dem Kopf verschränken. Kopf gegen den Widerstand der nach vorne ziehenden Hände nach hinten drücken (Abb. 34)

Rumpfmuskulatur

Abb. 93 Beide Handflächen seitlich gegen die Schreibmaschine legen und mit maximaler Kraft gegen die Schreibmaschine drücken (vgl. Abb.38a)

Abb. 94 Mit etwas gebeugtem Rücken auf den Stuhl setzen. Die Hände umfassen, bei angewinkelten Ellenbogen, die Stuhlkante und fixieren den Rumpf in der Beugestellung. Gegen den Widerstand der den Rumpf fixierenden Arme versuchen, den Rumpf mit maximaler Kraft zu strecken (vgl. Abb. 60c)

Abb. 95 Arme hinter der Rückenlehne fixieren und gegen den Widerstand der den Rumpf fixierenden Arme den Rumpf beugen (vgl. Abb. 59b). Zu dieser Übung, sowie zu Übung 96, muß ein Stuhl mit breiterer Rückenlehne verwendet werden

Abb. 96 Einen Arm hinter der Rückenlehne fixieren. Der andere Arm übergreift den gegenseitigen Oberschenkel und umfaßt die Vorderkante der Sitzfläche des Stuhles. Die Hüfte bleibt parallel zum Stuhlrücken, die Beine in normaler Sitzstellung. Es kommt dabei lediglich zu einer Verdrehung des Oberkörpers. Mit maximaler Kraft gegen den Widerstand des den Oberkörper in dieser Stellung fixierenden Armes bzw. der Hand versuchen, den Oberkörper in Richtung Rückenlehne zurückdrehen (vgl. Abb. 61b)

Armmuskulatur

Abb. 97 Finger etwas spreizen. Die Finger beider Hände im Bereich der Endglieder gegeneinanderlegen und so fest wie möglich gegeneinanderpressen (vgl. Abb. 35)

Abb. 98 Finger im Bereich der End- und Mittelglieder gegen die Schreibtischkante legen und die Finger etwas beugen. Streckversuch der Finger mit maximaler Kraft gegen den Widerstand der Tischkante (vgl. Abb. 35 – Text)

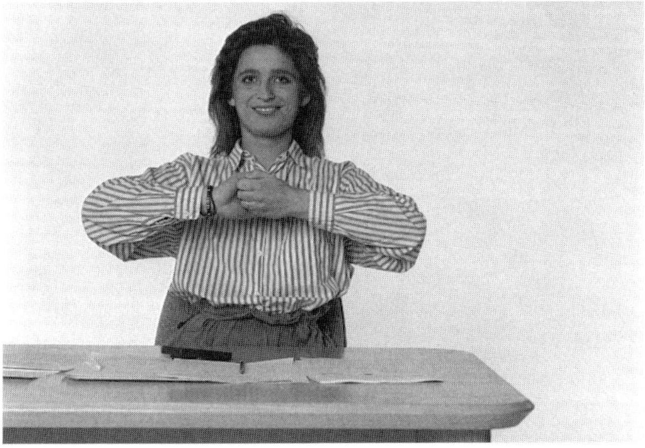

Abb. 99 Arme etwas zur Horizontalen erheben. Finger ineinander verhaken. Versuchen, die Finger mit maximaler Kraft auseinanderzuziehen (vgl. Abb. 36)

Abb. 100 Beine etwas anheben und einen Papierkorb zwischen den Füßen einklemmen. Mit gestreckten Beinen den Papierkorb mit maximaler Kraft versuchen zusammenzudrücken (vgl. Abb. 53c). Gleichzeitig kann man die den Telefonhörer haltende Hand maximal zusammenpressen und trainiert somit auch die Fingerbeugemuskulatur

Beinmuskulatur

Abb. 101 Füße in den Papierkorb stecken und bei gestreckten Beinen den Papierkorb mit maximaler Kraft auseinanderdrücken (vgl. Abb. 52b)

Abb. 102 Füße vom Fußboden abheben (Schuhe ausziehen). Die Fußsohle des einen Fußes auf den Fußrücken des anderen Fußes legen. Den aufliegenden Fuß mit maximaler Kraft nach unten, den unteren Fuß nach oben drücken (vgl. Abb. 58)

In der vorliegenden Broschüre sollten einige Methoden aufgezeigt werden, die es praktisch jedem ermöglichen, durch ein Training im eigenen Heim, ohne jedes Sportgerät, verschiedene Organsysteme des Körpers – Bänder, Nerven, Kreislauf und Muskulatur – leistungsfähig zu erhalten bzw. die Leistungsfähigkeit zu steigern. Die durch die Anforderungen des Berufslebens häufig erzwungene physische Inaktivität birgt, infolge fehlender Trainings- oder zumindest Erhaltungsreize, die Gefahr der Leistungsminderung in sich. Dieses Risiko muß, zur Vermeidung u. U. gesundheitlicher Konsequenzen infolge der Leistungsreduzierung, abgebaut werden. Die im Anhang dargestellten beiden 10-Minuten-Trainingsprogramme können, die einzelnen Körpersysteme im Wechsel der Übungen berücksichtigend, als Anleitung zum täglichen Training dienen.

Die Ärzteschaft, Verantwortliche aus Politik und Wirtschaft haben u. a. die Notwendigkeit sportlicher Betätigung als Ausgleich zu den täglichen Belastungen erkannt und weisen immer wieder auf die Gefahr körperlicher Inaktivität hin. Die Bewegungsarmut, fast als Symptom unserer Zeit aufzufassen, ist eine der wesentlichsten Ursachen der Haltungsschwächen im Jugendalter, der Leistungsschwäche der Erwachsenen. Durch sportliche Betätigung, aber auch durch regelmäßiges tägliches Kurztraining gelingt es, den altersbedingten Leistungsabfall (siehe Abb. 29), der bereits mit dem 30. Lebensjahr beginnt, zwar nicht aufzuhalten, aber doch deutlich zu verzögern. Eingangs wurde darauf hingewiesen, daß dieses hier vorgeschlagene Trainingspensum kein Ersatz für sonstige sportliche Betätigung – Laufen, Schwimmen, Radfahren usw. – sein soll. Ein 10-Minuten-Training hilft aber dem, der keine Zeit hat, wenigstens die erforderlichen Minimaltrainingsreize zu erzielen, um seine Leistungsfähigkeit zu steigern oder zumindest zu erhalten. Diese Zeit steht jedem zur Verfügung. Die freie Übersetzung des Titels einer amerikanischen Broschüre von A. STEINHAUS lautet: »Erfreue Dich Deiner Leistungsfähigkeit.« Aber man muß etwas dafür tun – 10 Minuten pro Tag.

Plan von 10-Minuten-Trainingsprogrammen

1. Programm – mit Trainingshilfsmittel

An Hilfsmittel bereitzulegen

1 Kinderball ∅ etwa 12–15 cm
2–3 Kinderspielbälle ∅ etwa 5–7 cm
1 Stück Wäscheseil (oder Springseil) etwa 2,5–3 m lang
Stuhl oder Couch

Übungsdauer ist jeweils in Sekunden angegeben

1. Laufen auf der Stelle – etwa 70–90 Doppelschritte/Min. 30

2. Grätschstellung der Beine. Arme seitlich zur Horizontalen erheben und nach vorwärts kreisen. Mit kleinen Kreisen anfangen und größer werden bis zum maximalen Ausschlag und wieder kleiner werden. Etwa 10 Kreise größer werdend und 10 Kreise kleiner werdend. – Pause für 5 Sek. – Die gleiche Übung, aber Arme nach hinten kreisend, anschließen. 30

3. Großen Ball auf die Stirn legen und versuchen, den Ball zu balancieren. Man kann auch einen etwa 30–50 cm langen Holzstab verwenden. 10

4. Auf einem Bein stehend, den Ball – oder Holzstab – auf den Fußrücken des angewinkelten Beines legen und versuchen zu balancieren. Nach etwa 10 Sek. Beinwechsel. 20

5. Beine in leichter Grätschstellung. In den Zehenstand erheben, dabei Arme über den Kopf heben und tief einatmen. Aus dem Zehenstand in die Kniebeuge fallen lassen, Arme herunterfallen lassen und dabei tief ausatmen. In den Knien nachwippen. Diese Übung 5× hintereinander durchführen. 15

6. Hände vor dem Kopf verschränken. Arme nach hinten ziehen und Kopf gegen den Widerstand der Hände mit maximaler Kraft nach vorne drücken. 20

Arm seitlich anheben. Hand gegen den Kopf drücken und Kopf gegen den Widerstand des Armes nach seitwärts neigen. Erst nach rechts, dann nach links.

Hände hinter dem Kopf verschränken, Arme nach vorne ziehen, Kopf gegen den Widerstand der Arme nach hinten drücken.
Die Muskulatur bei jeder der 4 Übungen jeweils etwa 3–5 Sek. maximal anspannen.

7. 2 kleinere Bälle aufnehmen. Ball 1 in die Luft, gleichzeitig Ball 2 von der linken in die rechte Hand werfen und die Bälle auffangen. Die Bälle dürfen nicht in den Händen festgehalten werden, sondern müssen dauernd »wandern«. Nach einiger Zeit kann man versuchen, einen 3. Ball hinzuzunehmen. 15

8. Grätschstellung der Beine, Oberkörper bleibt gerade. Arme in Schulterhöhe vor dem Körper anwinkeln. In dieser Körperstellung die Arme 3–5× nach hinten federn, beim 4. Mal Arme strecken und nach hinten schlagen. Diese Übung 3–4× hintereinander durchführen. 15

9. Grätschstellung der Beine, Arme in Horizontale erheben. Rumpf beugen. Re. Finger berühren den li. Fuß, aufrichten, Rumpf beugen, die li. Finger berühren den re. Fuß. Die Übung nach jeder Seite 5 × ausführen. 10

10. Laufen auf der Stelle (Frequenz: etwa 70–90 Doppelschritte/Min.). Nach jeweils 10 Sek. Dauer (etwa 12–15 Doppelschritten) für 5 Sek. Sprint einlegen (Oberschenkel an den Oberkörper heranziehen, gleichzeitig Erhöhung der Schrittfrequenz auf etwa 100–120 Doppelschritte/Min. – etwa 8–10 Doppelschritte). 45

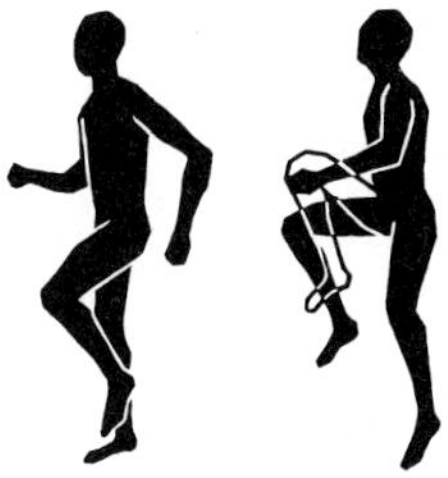

11. Arme vor dem Körper etwa zur Horizontalen erheben. Finger im Bereich des Endgliedes gegeneinanderlegen und mit maximaler Kraft gegeneinanderpressen. 25

Finger der beiden Hände ineinander verhaken und Arme auseinanderziehen.

Handflächen gegeneinanderlegen, Arme so nahe wie möglich an den Körper heranbringen, dann Hände gegeneinanderpressen.

In gleicher Handstellung, Arme etwas nach vorne bringen, so daß der Ellenbogenwinkel etwa 90 Grad beträgt, und wieder die Hände gegeneinanderpressen.
Arme weitgehend strecken und die Hände erneut gegeneinanderpressen.

Bei jeder dieser 5 Übungen die Muskulatur maximal für 3–5 Sek. anspannen.

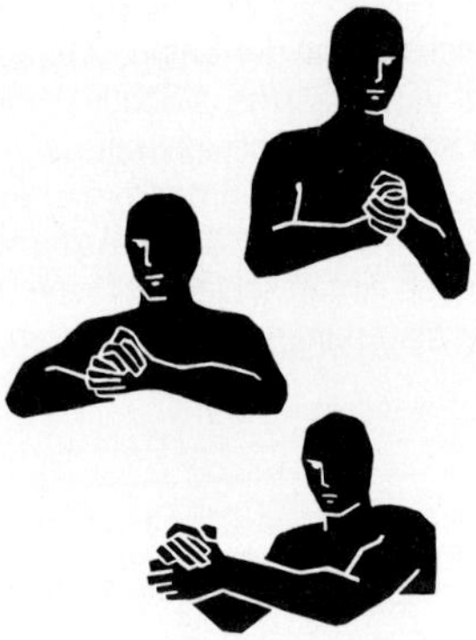

12. Wie Übung 5 – Beine in leichter Grätschstellung. In den Zehenstand erheben, Arme dabei nach oben strecken und tief einatmen. In die Kniebeuge fallen lassen, Arme herunterfallen lassen, dabei tief ausatmen. In den Knien nachwippen.

    Diese Übung 3–5 × wiederholen. 15

13. Grätschstellung der Beine. Hände in die Hüfte stützen. Rumpf kreisen. 5 × nach links und 5 × nach rechts. 20

14. Auf den Rücken legen. Arme seitlich auf den Boden legen. Beine anheben. Radfahren in der Luft. 20

15. Auf dem Rücken liegend, Beine und Hüfte anheben. Hüfte mit den Händen abstützen und mit geschlossenen Beinen Hüftkreisen. 5 × rechts, 5 × links. 20

16. Auf dem Rücken liegend, Hände seitlich am Boden den Körper fixierend, Beine nach hinten überschlagen, so daß die Zehenspitzen hinter dem Kopf den Fußboden berühren. Zurück in Ausgangslage.

Übung 3–5 × wiederholen. 15

17. Ruhig auf dem Rücken liegenbleiben. Tief ein- und ausatmen – Pause –. 15

18. Auf dem Rücken liegend, Arme im Ellenbogen anwinkeln, Oberarme in Schulterhöhe auf den Boden legen und mit maximaler Kraft nach unten drücken. 50

Auf dem Rücken liegend, re. Fußsohle auf den li. Fußrücken legen. Re. Fuß nach unten, li. Fuß nach oben drücken. Im Anschluß an diese Übung li. Fußsohle auf den re. Fußrücken legen und gegeneinanderpressen.

Auf dem Rücken liegend, Beine anheben und mit der Ferse auf eine Couch oder einen Stuhl auflegen. Die gestreckten Beine gegen den Widerstand der Couch oder des Stuhles nach unten drücken.

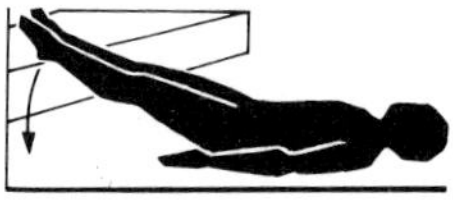

¼ Körperdrehung nach links, so daß man auf der Seite liegt. Der linke Fuß bleibt mit der Außenkante auf der Couch oder dem Stuhl liegen. Bein gegen den Widerstand nach unten drücken (Bein-Abspreizung).

In gleicher Körperstellung re. Fußinnenkante auf Couch oder Stuhl legen. Re. Bein nach unten drücken (Bein-Anspreizung).

Auf dem Bauch liegend, beide Beine mit dem Fußrücken auf Couch oder Stuhl auflegen und nach unten drücken.

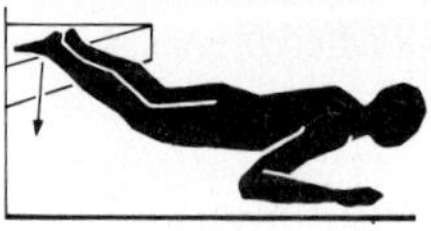

¼ Körperdrehung. Man liegt auf der re. Seite. Außenkante des re. Fußes liegt auf. Rechtes Bein nach unten drücken (Anspreizung).

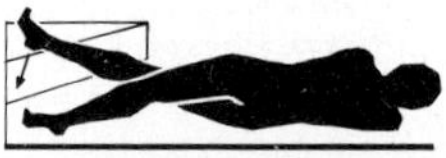

In gleicher Körperstellung li. Fußinnenkante auflegen. Bein nach unten drücken (Anspreizung).

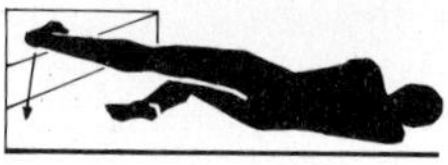

Auf dem Rücken liegend, Unterschenkel auf Couch oder Stuhl auflegen, so daß der Kniewinkel etwa 90 Grad beträgt. Unterschenkel nach unten drücken.

Bei jeder dieser 11 Übungen die Muskulatur für 3–5 Sek. maximal anspannen.

19. Aufstehen. Hüpfen auf der Stelle, zunächst auf beiden Beinen (etwa 10 Sek.), dann im Wechsel 5 × auf dem li. Bein und 5 × auf dem re. Bein (insgesamt etwa 20 Sek.) und wieder auf beiden Beinen (etwa 10 Sek.) hüpfen.

40

20. Wie Übung 5 – Beine in leichter Grätschstellung –. In den Zehenstand erheben, dabei Arme über den Kopf heben und tief einatmen. In die Kniebeuge fallen lassen, Arme herunterfallen lassen und tief ausatmen. Diese Übung 3–5 × wiederholen. 15

21. Wäscheseil nehmen und die beiden Seilenden um die Hände schlingen, so daß beim Stehen auf dem Seil die Ellenbogenwinkel etwa 90 Grad betragen. Beugeanspannung der Unterarme. 40

Rumpf etwas beugen, Arme nach seitwärts heben. Gegen den Widerstand des Seiles Arme nach oben ziehen.

In gleicher Körperstellung Arme nach hinten nehmen und nach oben ziehen.

Rumpf etwa um 90 Grad beugen. Auf dem Seil stehend, Seil bei gestreckten Armen in entsprechender Höhe um die Hände wickeln, so daß das Seil gespannt ist. Versuch der Rumpfstreckung.

In 90-Grad-Rumpfbeugung, Rumpf nach links verdrehen. Li. Arm gestreckt, Seil kurz über dem Fußrücken fassen. Re. Arm anwinkeln und verlängertes Seilende fassen. Rumpfdrehung nach rechts.

Nach Beendigung dieser Übung Rumpf nach re. verdrehen und Rumpfdrehung in Ausgangslage, also nach links, versuchen.

Rumpf so weit wie möglich beugen. Versuch der Rumpfstreckung gegen den Widerstand des fixierten Seiles.

Rumpfbeugung etwa 30 Grad gegen die Senkrechte, Versuch der Rumpfstreckung.

Bei jeder dieser 8 Übungen die Muskulatur maximal 3–5 Sek. anspannen.

22. Seilspringen. 30

23. Wie Übung 5: Beine in leichter Grätschstellung. In den Zehenstand gehen, Arme hochheben und tief einatmen. In die Kniebeuge fallen lassen, Arme fallen lassen und tief ausatmen. 15

Diese Übung 3–5 × wiederholen.

24. Wie Übung 10 – Laufen auf der Stelle – (Schrittfrequenz 70–90 Doppelschritte/ Min.) alle 10 Sek. Sprinteinlagen für 5 Sek. (Oberschenkel an Oberkörper heranziehen, Schrittfrequenz 100–120 Doppelschritte/Min.). 45

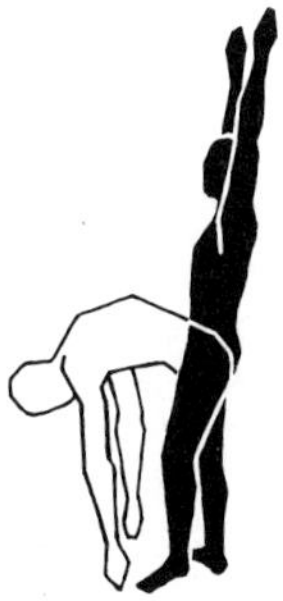

25. Langsam durch das Zimmer gehen. Während tiefen Einatmens Arme über den Kopf erheben. Während tiefen Ausatmens Rumpf beugen und Arme fallen lassen. Zwischenzeitlich stehen bleiben, Arme und Beine ausschütteln. 25

2. Programm – ohne Trainingshilfsmittel

Übungsdauer ist jeweils in Sekunden angegeben

1. Laufen auf der Stelle – Dauerlauf, ca. 70–90 Doppelschritte/Min. 30

2. Laufen auf der Stelle – Sprintlauf (Kniehebelauf), ca. 100–120 Doppelschritte/Min., dabei die Oberschenkel an die Brust heranreißen. 5

3. Laufen auf der Stelle – Dauerlauf. 10

4. Laufen auf der Stelle – Sprintlauf. Fersen an das Gesäß, ca. 100–120 Doppelschritte/Min. 5

5. Laufen auf der Stelle – Dauerlauf. 10

6. Aufrechtstehen – Grätschstellung der Beine. Seitliches Anheben der Arme bis zur Horizontalen. Arme kreisen, linker Arm nach vorn, rechter Arm nach hinten beginnend. Kreisen zunächst kleiner anfangen, dann ausholend.

   Bewegungsrichtung der beiden Arme wechseln und wie zuvor kreisen. 10

7. Aufrechtstehen – Grätschstellung der Beine. Arme in Hüfte abstützen, Rumpf kreisen nach rechts, Rumpf kreisen nach links. 10

8. Aufrechtstehen – Beine geschlossen. Gewicht des Körpers auf das linke Bein verlagern, das rechte Bein im Hüftgelenk kreisen, u. U. mit Hand an einer Wand abstützen.

   Gewicht des Körpers auf das rechte Bein verlagern und kreisen des linken Beines im Hüftgelenk. 10

9. Aufrechtstehen – Beine geschlossen. Hände vor dem Kopf verschränken.

   Arm seitlich anheben und gegen den Kopf drücken, erst rechts, dann links.

   Hände hinter dem Kopf verschränken. In jeder dieser Stellungen den Kopf mit maximaler Kraft für ca. 3–5 Sek. gegen den Widerstand der Arme drücken. 10

10. Arm zur Horizontalen erheben, im Ellenbogengelenk 45 Grad anwinkeln, Finger gespreizt gegeneinanderlegen. 20

Ellenbogen anwinkeln mit etwa 90 Grad, die Handflächen wie beim Handschlag gegeneinanderlegen.

Ellenbogen anwinkeln, so daß die Hände vor der Brust liegen, die Handflächen liegen gegeneinander.

Hände auf den Rücken legen, etwa in Nierengegend, die Handflächen der einen Hand umfaßt die Faust der anderen Hand.

In allen 4 Stellungen Arme mit maximaler Kraft für jeweils etwa 3–5 Sek. gegeneinanderpressen.

11. Rumpf leicht beugen, Arme lose herunterhängen lassen. Arme ausschütteln. 10

12. Aufrecht im Türrahmen stehen. Gewicht auf das rechte Bein verlagern, linker Arm stützt sich an der linken Seite des Türrahmens ab.

40

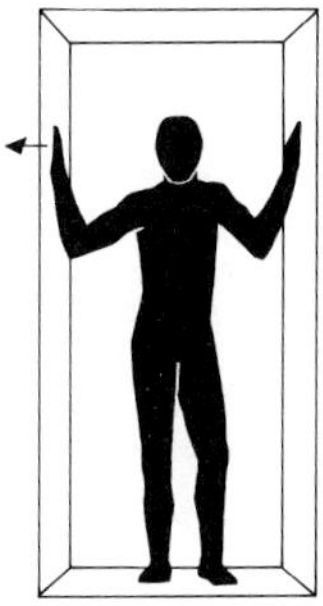

Abspreizen des rechten Armes für 3–5 Sek. mit maximaler Kraft gegen den rechten Türrahmen.
Beinwechsel.

Seitlich in den Türrahmen stellen, nach vorn gegen den Türrahmen mit beiden Händen abstützen, rechtes Bein gestreckt mit Ferse gegen den Türrahmen drücken.
Beinwechsel.

Gewicht auf das rechte Bein verlagern, linken Unterschenkel vor dem Körper beugen; der linke Unterschenkel wird mit der rechten Hand umfaßt und eine Unterschenkelstreckung versucht durchzuführen (3–5 Sek.).
Beinwechsel.

Unterschenkel anwinkeln; der Oberschenkel wird an die Brust herangezogen, Hände vor dem Unterschenkel verschränken und Beine im Hüftgelenk strecken (3–5 Sek.).
Beinwechsel.

13. Beine rechts und links abwechselnd kurz ausschütteln. 10

14. Dauerlauf auf der Stelle. 15

15. Sprintlauf, Beine nach vorne gestreckt. 5

16. Dauerlauf auf der Stelle. 10

17. Lineal auf die Hand stellen und balancieren, erst rechts, dann links. 20

18. Buch auf die Stirn legen, Rumpf etwas nach hinten neigen, leicht in die Knie gehen, Becken kreisend sich nach vorwärts bewegen. 15

19. An einem Tisch nach vorne beugen, rechte Hand stützt den Körper auf dem Tisch ab, die linke Handfläche liegt unter der Tischplatte; es wird versucht, den Tisch anzuheben.
Armwechsel. (Übung 19–24 jeweils 3–5 Sek.) 10

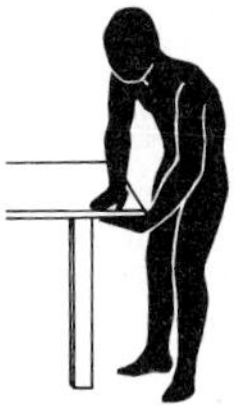

20. Tischplatte mit beiden Händen an der Längsseite umfassen und zusammendrücken. 5

21. Auf einen Stuhl setzen, Beine übereinanderschlagen, Hände vor dem Unterschenkel verschränken, Bein nach vorne drücken.
Beinwechsel. 10

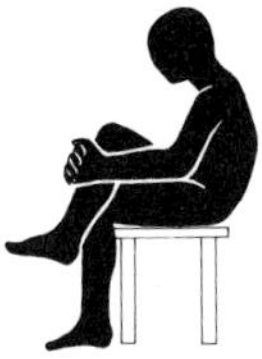

22. Beine anheben, rechten Fuß auf den linken Fuß legen, linken Fuß anheben, rechten Fuß nach unten drücken.
Beinwechsel. 10

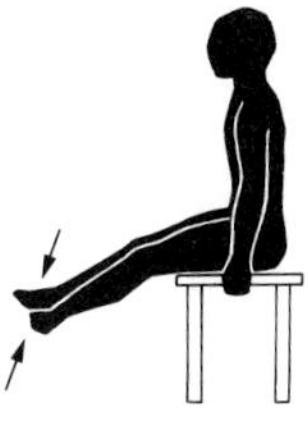

23. Zur Tür gehend, Finger ineinander verhaken und auseinanderziehen. 20

Arme bis zur Horizontalen anheben, Ellenbogen ziemlich gestreckt, Hände gegeneinanderlegen und zusammenpressen.

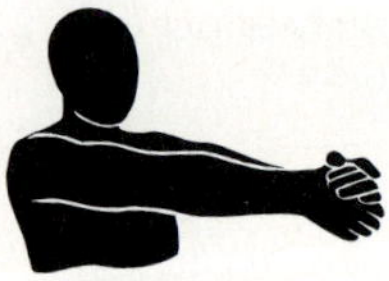

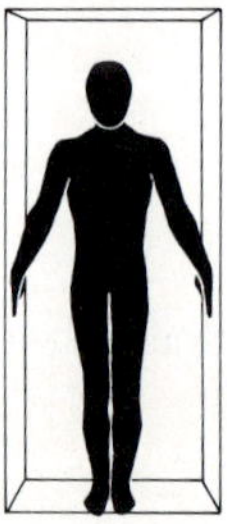

Im Türrahmen stehend, Hände seitlich gegen den Türrahmen pressen.

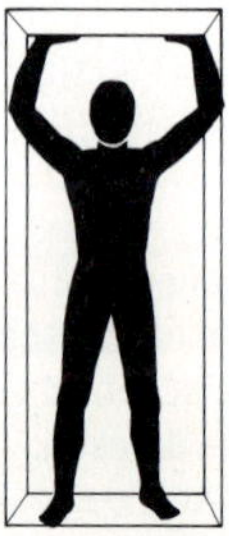

Arme senkrecht erheben, gegen den oberen Türrahmen pressen.

24. Hände vor dem Bauch verschränken, nach hinten ziehen, Bauch gegen den Widerstand der Hände ausstrecken. 10

25. Schulter leicht nach vorne fallen lassen, ganz locker Arme und Beine ausschütteln. 10

26. Aufrecht stehen, Kopf kreisen, 5 × nach links, 5 × nach rechts. 10

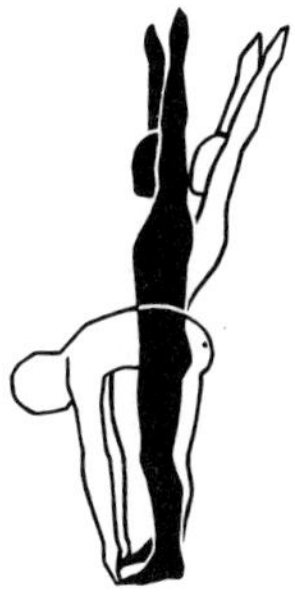

27. Arme bis zur Senkrechten heben, nach vorne fallen lassen, dabei Rumpf beugen, Fingerspitzen berühren den Fußboden, nachwippen, dann wieder aufrichten, so daß es zu einer Überstreckung des Rumpfes kommt. Etwa 5 × hintereinander durchführen. 15

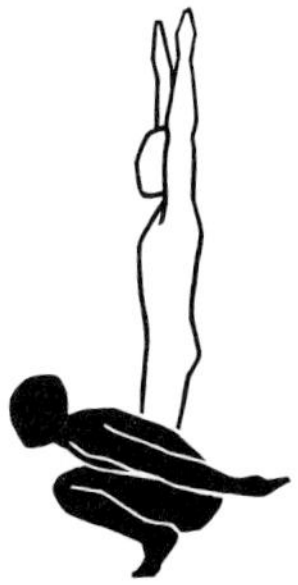

28. Arme wie bei der voraufgegangenen Übung anheben, der Oberkörper bleibt jedoch zunächst gerade, und man läßt sich in die Kniebeuge herunterfallen, dann wieder aufrichten. Wiederholung etwa 5 ×. 15

29. Grätschstellung der Beine. Rumpfbeugung, rechte Finger berühren den linken Fuß, linke Finger den rechten Fuß. Flügelradschlagen. Die den Fuß nicht berührende Hand wird seitlich nach oben gestreckt. 10

30. Aufrichten.
Arm seitlich zur Horizontalen anheben, im Ellenbogengelenk anwinkeln, Hände ausgestreckt, Daumen am Brustkorb liegend, Arme strecken und nach außen schlagen, 3 × bei angewinkeltem Ellenbogen, dann Arm strecken. 10

31. Hände hinter dem Gesäß umfassen, Arm schwungartig nach oben reißen, dabei wird der Oberkörper nach vorne gebeugt. 10

32. Arme liegen am Körper an, die Hände werden gegen den Oberschenkel gepreßt. 5

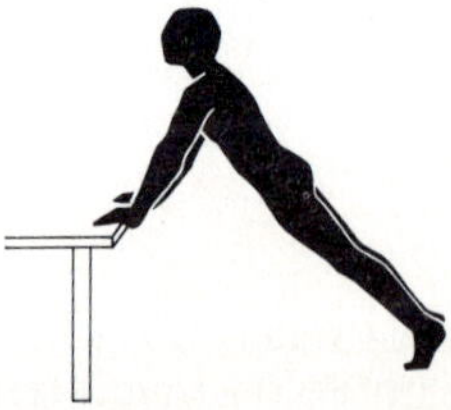

33. Mit beiden Händen auf einem Stuhl oder Tisch abstützen, Beine zurücknehmen, so daß sich der Körper in Schräglage zum Tisch bzw. Stuhl befindet.
Pumpen = Arme beugen und strecken (8–10mal). 15

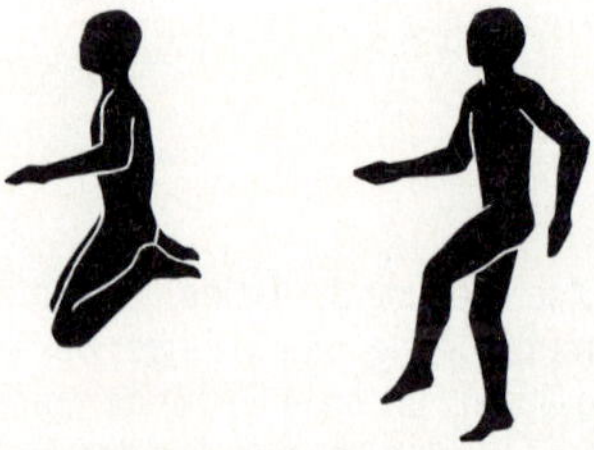

34. Hüpfen auf der Stelle mit beiden Beinen, bei jedem 4. bis 5. Mal Ferse an das Gesäß anschlagen.

4- bis 5mal hüpfen auf dem re. Bein.
Beinwechsel.
Hüpfen auf beiden Beinen mit Fersen an das Gesäß anschlagen. 30

35. Dauerlauf auf der Stelle. 20

36. Sprintlauf – Kniehebelauf. 10

37. Dauerlauf auf der Stelle. 15

38. Sprintlauf – Ferse am Gesäß. 10

39. Dauerlauf auf der Stelle. 15

40. Sprintlauf – Beine gestreckt. 10

41. Dauerlauf auf der Stelle. 15

42. Zum Ausklang des Kurztrainings bei leicht gebeugtem Oberkörper langsam durch das Zimmer gehen, zwischenzeitlich den Oberkörper aufrichten und wieder nach vorn fallen lassen. Dabei tief aus- und einatmen.

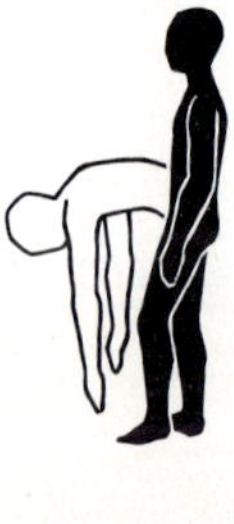

Anmerkung: Sollten Sie das Gefühl haben, daß diese Trainingsprogramme im Anfang für Sie etwas zu anstrengend sind, lassen Sie die eine oder andere Übung zunächst ausfallen. Steigert sich ihre Leistungsfähigkeit, erhöhen Sie z. B. im ersten Trainingsprogramm die Anzahl der Übungen 3, 8, 9 usw., erhöhen Sie die Schrittfrequenz bei der Übung 1, 10 und 24. Man muß zwar merken, daß man sich anstrengt, aber die Freude am Training sollte erhalten bleiben. Führen Sie ihren Vorsatz, etwas für ihre Gesundheit tun zu wollen, sofort aus. Beginnen Sie jetzt, nicht erst morgen. Sie werden in relativ kurzer Zeit die ersten Erfolge registrieren können.